VIAJANDO A LAS VIDAS PASADAS

Fascinantes casos clínicos de regresiones realizadas a la luz de la ciencia

100 años
editorial kier

Liliana Hollmann

VIAJANDO A LAS VIDAS PASADAS

Fascinantes casos clínicos de regresiones realizadas a la luz de la ciencia

kier

Hollmann, Liliana
Viajando a las vidas pasadas / Liliana Hollmann ; dirigido por Darío Bermúdez. - 1a ed. - Buenos Aires : Kier, 2009.
160 p. ; 23x16 cm. - (Revelaciones / Darío Bermúdez)

ISBN 978-950-17-4252-7

1. Espiritualidad. 2. Vidas Pasadas. I. Bermúdez, Darío, dir. II. Título
CDD 291.4

Editor:
Darío Bermúdez
Diseño de tapa:
Carlos Rossi: www.rossidisegno.com
Composición tipográfica:
Verónica Libertad Suárez
Corrección:
Lorena Bustos
LIBRO DE EDICION ARGENTINA
ISBN 978-950-17-4252-7
Queda hecho el depósito que marca la ley 11.723

Av. Santa Fe 1260 (C 1059 ABT) Buenos Aires, Argentina
Tel: (54-11) 4811-0507 Fax: (54-11) 4811-3395
http://www.kier.com.ar - E-mail: info@kier.com.ar
Impreso en la Argentina
Printed in Argentina

Comentario
de
Jordi Guash

↓

A mi amigángel Irina,
quien fue testigo del origen de este libro
y quien desde otro plano de existencia
me sigue acompañando.

Liliana

« Este libro me parece una introducción práctica y sencilla para los/as neófitos que empiezan a interesarse por la reencarnación; especialmente, a través de las Regresiónes.

No obstante, sin restarle mérito y respetando cualquier creencia, la autora está condicionada por el concepto "Dios" y, supongo que con toda su buena intención, influye en la visión del/a lector/a. En el asunto "Karma-reenc." no hay necesidad (como sucede, por ejemplo, en el budismo), de la existencia de un dios. En mi opinión, este condicionante (Dios) impuesto por Liliana Hollmann, podría incluso confundir al lector/a con menores conocimientos al respecto. »

Agradecimientos

A todos los seres queridos que me han acompañado durante ésta y otras vidas, mostrándome los distintos aspectos del amor de Dios, ayudándome a ser quien soy hoy.

En particular, a mis pacientes, quienes me han entregado su confianza y generosidad al compartir sus casos, por lo que he cambiado nombres y profesiones a fin de proteger sus identidades.

A Darío Bermúdez, quien me invitó a escribir este libro y tuvo la paciencia de esperarme dos años.

A Tamara Henke, por compartir momentos de inspiración en las silenciosas tardes de los viernes.

A los encuentros con Cecilia Fau; sus correcciones dieron forma a mi libro.

Finalmente, mi gratitud hacia Carol y Brian Weiss, por el aval y entusiasmo que me brindaron en estos años.

Nota de la Autora

Mis comentarios a continuación de las transcripciones de enseñanzas de diversos autores quedan bajo mi entera responsabilidad.
Asimismo dejo constancia de que Paramahansa Yogananda no propiciaba el trabajo sobre vidas pasadas.

Intención de la obra

Es mi deseo, a través de estas páginas, que traslucen algunas vivencias de personas que han realizado la Terapia de Regresión a Vidas Pasadas (TRVP), que puedas encontrar paz para transitar tu vida de una manera más consciente de las oportunidades de crecer y avanzar hacia tu verdadera esencia espiritual, ésa que, a veces, está olvidada, relegada.

Lo más importante que te recuerda este tipo de terapia es el saber que estás unido a tu fuente espiritual, saber que una parte de tu ser vive siempre y tiene la capacidad de conectarse con la sabiduría que te hará experimentar ese saber, que eres un hijo de Dios, que vive distintas experiencias hasta poder encontrar el camino de regreso a casa. En un mundo que vive la cultura de lo descartable, es necesario darnos cuenta de que nuestros vínculos son retornables.

Muchas veces nos preguntamos: ¿cuál es nuestra misión? Tal vez, una de las respuestas posibles sea alimentar el vínculo que nos acompaña a través de las edades, ése que es permanente y constante, ése que nos une con un hilo dorado y que nos liga al espíritu eterno, aunque vivamos por un tiempo en un plano físico, limitado y terreno.

Cuando podemos compartir nuestro sufrimiento, y transmitir lo que hemos aprendido por medio de él, con otras personas, ya sea para aliviar el sufrimiento actual u ofrecer alguna guía, estamos capitalizando nuestro aprendizaje y convirtiéndolo en positivo. Como este libro, las experiencias vertidas aquí, de personas que han padecido ciertas situaciones y que, a través de la terapia y su conexión con su alma, las han podido solucionar, están ahora a tu disposición para que tengas también la posibilidad de tener otro punto de vista para resolver lo que ahora te preocupa o tener permiso para ser agradecido y feliz.

Que encuentres paz, aliento, unión.

Capítulo I
Reseña profesional

Nací en un hogar sencillo, que me enfocó a valorar el trabajo y el estudio. Comencé a ahorrar a los seis años, y a los diecisiete tuve mi primer trabajo. A los diecinueve, empecé a preguntarme qué quería hacer de mi vida. Mi anhelo era tener la oportunidad de ayudar a los demás. No sabía si seguir un profesorado de yoga o estudiar psicología. Finalmente, encontré a mi profesora de yoga, quien me recomendó leer *Autobiografía de un yogui*, de Paramahansa Yogananda, y decidí comenzar el sendero de *Self Realization Fellowship*, sociedad fundada por Paramahansa Yogananda, en Estados Unidos, en 1920 –y como *Yogoda Satsanga Society of India*, en 1917–, con la finalidad de difundir en el mundo, para la ayuda y el beneficio de la humanidad, los principios espirituales y técnicas científicas de meditación de Kriya Yoga; su sede central e internacional se encuentra en Los Ángeles. Paramahansa ha explicado que el nombre *Self Realization Fellowship* significa 'Confraternidad con Dios a través de la realización del Ser, y amistad con todas las almas que buscan la verdad'. Una de las metas más importantes es enseñar a los hombres que el propósito de la vida humana consiste en expandir, a través del esfuerzo personal, nuestras limitadas conciencias mortales, hasta que éstas lleguen a identificarse con la Conciencia Divina. En estos escritos, encontré respuestas a mis interrogantes religiosos, que de niña quedaban insatisfechos en las clases de religión. Los conceptos de reencarnación, karma y vidas pasadas fueron aceptados naturalmente por mí.

Luego, comencé mis estudios en la Facultad de Psicología, en la Universidad de Buenos Aires. Una de las clases más interesantes fue una de historia, donde aprendí que *psicología* significa 'estudio del alma'. Recuerdo, entonces, que me planteé que algún día sería interesante que pudiera armonizar lo que estaba aprendiendo en mis lecciones de yoga con la psicología, pero no tenía muy en claro cuál sería el eslabón que uniera ambas disciplinas. Iniciar una terapia, cualquiera sea su modalidad, al proporcionar libertad al ser humano, se convierte en la antesala de un sendero espiritual, si la persona está deseosa de transitarlo.

Hace quince años, me encontré con el primer libro del Dr. Brian Weiss, *Muchas vidas, muchos maestros*. Las palabras allí vertidas reverberaban como un eco en mi alma. Me pareció fantástica la articulación de lo académico ortodoxo con la flexibilidad que él se permitió para hacerse preguntas frente a las evidencias de la reencarnación que se hacían presentes en su consultorio durante las sesiones con Catherine, su primera paciente. Admiré su curiosidad, su humildad, su coraje y su perseverancia en la investigación. Para mí, encontrarme con ese libro fue encontrar ese eslabón que había estado buscando por años.

Empecé a interiorizarme sobre la posibilidad de realizar un entrenamiento al respecto, pero aparecían circunstancias que me obligaban a postergar ese objetivo que se fue convirtiendo en un sueño casi inalcanzable. Trabajaba, entonces, con la modalidad de la terapia tradicional y sólo con algunos pacientes, que compartían inquietudes espirituales, podía hablar con ellos sobre karma, vidas pasadas o el valor de la oración.

Los sueños llevan un tiempo de concreción... Finalmente, en el año 2006, pude realizar el entrenamiento con el Dr. Brian Weiss, que me permitió unir lo académico y lo espiritual, y, así, pude ofrecer a los pacientes la posibilidad de experimentar su esencia sagrada, de resolver situaciones presentes con una herramienta tan valiosa como lo es la TRVP.

Creo que hablar de reencarnación y vidas pasadas, en la actualidad, es lo mismo que lo que representó hablar de "inconsciente" en la época victoriana de Freud. Nadie duda de la existencia del inconsciente en estos días; sin embargo, a Freud le llevó tiempo que su doctrina fuera aceptada mundialmente. Por suerte, el éxito de *Muchas vidas, muchos maestros* fue más rápido, y eso muestra que el nivel de la conciencia de la humanidad está evolucionando hacia planos de conciencia más elevados.

¿Cómo vivir en este mundo sin esta concepción de sabernos integrados en cuerpo, mente, alma y espíritu?

Capítulo 2
Entrenamiento con el Dr. Brian Weiss

Conocí personalmente al Dr. Brian Weiss en enero de 2006, en el *workshop* que dio en Mar del Plata. Me había propuesto tener la posibilidad de hablar con él antes de la conferencia y, finalmente, pude lograr el encuentro. Al encontrarlo y estar frente a él, tuve que tomarme unos minutos para poder emitir una palabra, estaba realmente emocionada.

Recuerdo que una de las preguntas que le hice fue: "¿Tiene algún efecto contraproducente que una persona descubra que fue un asesino en otra vida?". Él me contestó que la compasión era el sentimiento que surgía de ese recuerdo. Esto lo pude verificar en el entrenamiento con dos compañeros y, luego, en regresiones con mis pacientes.

Fue muy importante encontrarme con alguien a quien admiro y respeto mucho, porque él es un ser humano que tuvo el coraje de exponer este tema, poniendo en riesgo su prestigio profesional, dado que en ese momento era Jefe de Psiquiatría del hospital Mount Sinai, en Miami, y tenía una formación académica ortodoxa; su experiencia en la práctica con su paciente Catherine lo sorprendió y, posteriormente, lo llevó a relatar la historia en su libro *Muchas vidas, muchos maestros*.

Había concretado el primer paso de un sueño: hablar con él sobre trabajo y espiritualidad. Ya tenía una meta signada para julio de ese mismo año. Ese día, la felicidad se expresaba en todo mi cuerpo y más.

Nuestro encuentro para mí fue muy significativo y, por esa razón, decidí viajar a New York para realizar el entrenamiento profesional con él. Desde entonces aplico ese bello instrumento con mis pacientes, quienes obtienen avances sorprendentes durante el tratamiento.

Una semana antes de ir al entrenamiento en el *Omega Institute*, participé de una convención de yoga de *Self Realization Fellowship,* en Los Ángeles, donde, entre otras cosas, durante una semana, nos uníamos a orar por la paz mundial cinco mil almas de todas partes del mundo.

Dejé la ciudad de Los Ángeles el día siguiente al que habían encontrado una bomba, que lograron desactivar, en el aeropuerto de Londres. Los controles de los aeropuertos eran minuciosos. Antes de partir de Buenos Aires, debo confesar que tenía miedo a un ataque terrorista aéreo, pero también pensé que debía hacer ese viaje y que iba a ser muy importante no sólo para mí, sino para muchas personas; así que decidí confiar en la Protección Divina. Tuve que enfrentarme a un miedo humano, y le pedí a Dios protección para cumplimentar mi viaje. También le pedí a uno de los monjes de la convención que rezara por mí. Tenía que viajar desde Los Ángeles a New York. La confianza en Dios superó el miedo. Jamás he dormido tan profundamente en un avión como en ese vuelo.

Antes de llegar a *Omega*, pasé un día en New York y me llamó la atención una inscripción que figuraba en el *Rockefeller Center*: "La Sabiduría y el Conocimiento serán la estabilidad de sus tiempos". En estos momentos de incertidumbre sólo podemos adueñarnos de nuestra sabiduría. A veces, vivimos la vida como dormidos hasta que determinadas experiencias nos sacuden, nos traen una enseñanza y nos despiertan del sueño de la ignorancia. Recordar la sabiduría que llevamos dentro es un compromiso con la humanidad, y las regresiones a vidas pasadas son una llave que permite abrir la puerta a ese conocimiento.

Llegué al *Omega Institute*, un lugar hermoso, donde la belleza de la naturaleza y el respeto por el prójimo fueron un marco simple y exquisito para el desarrollo del entrenamiento. El primer día el Dr. Brian Weiss nos pidió que nos presentáramos en el tiempo que dura un fósforo encendido. Claro... ¡éramos más de cien! Tenía que ser clara, concreta, concisa; debía elegir la información que iba a dar. La finalidad de la presentación también era descubrir los encuentros que se propiciaban allí.

Me presenté como psicóloga argentina que venía de una convención en Los Ángeles y que era discípula de Yogananda. Grande fue mi sorpresa cuando se levantaron dos manos, una de Wendy, quien es miembro de ese sendero desde 1971, y otra de un monje italiano que también había participado de la misma convención que yo. Nunca estamos solos. Estamos más relacionados y vinculados de lo que pensamos. Las coincidencias me acompañan y siempre las recibo con alegría en mi vida. Este comienzo auguraba que el entrenamiento sería una experiencia inolvidable. Las palabras del Dr. Brian Weiss, "no estamos solos, estamos siempre conectados", comenzaban a vibrar en forma expansiva en todo mi ser.

Otro factor importante durante el entrenamiento fue la presencia de Carol, quien trabajó alegremente al lado de su marido. Recibí significativos comentarios de su parte en cuanto a mi propia regresión y también sugerencias para realizar esta técnica, las que observó en mi cotidiano trabajar. Recuerdo que, hacia el final del entrenamiento, me acerqué a ella para agradecerle el coraje que habían tenido al publicar el libro *Muchas vidas, muchos maestros*, porque tenían una reputación importante que podían perder, una hipoteca que debían pagar e hijos pequeños para criar y, aun así, asumieron el riesgo. Ella me contestó: "Si no lo escribía él, lo escribía yo". Confirmado: detrás de un gran hombre, se encuentra una gran mujer.

Realmente me conmovía ver que estaba siendo testigo de las verdades que el Dr. Brian Weiss escribió en sus libros, al ser espectadora de las regresiones de mis compañeros, cuando las preguntas o dificultades que ellos planteaban se iban disipando y se transformaban en mensajes positivos para sus vidas presentes. En realidad, eran mensajes para todos los que estábamos allí. El impacto era tan grande que cada noche escribía una pequeña síntesis de lo que había aprendido y vivido, lo cual me permitió el último día compartir con todos la poesía que aparece al final de este capítulo.

Cada fin es el comienzo de una nueva etapa. Terminar el entrenamiento me permitió atesorar colegas norteamericanos, europeos, asiáticos, israelíes. Mi labor profesional ya no sería igual, me sentía con herramientas para ayudar a mucha gente a encontrar su libertad, a entender mejor sus vínculos, a disipar sus miedos y angustias. Esta posibilidad me llenaba de felicidad. Recuerdo las palabras de Brian ese último día:

Seguramente, sus vidas son diferentes a partir de este entrenamiento.

Hay un antes y un después de estas vivencias.

Obviamente, yo no era la misma persona que había llegado. Me había enriquecido con las experiencias de todos mis compañeros y con las propias. Estaba dispuesta a entregar ese conocimiento para beneficio de mis pacientes. Mi pregunta de los diecinueve años estaba hallando la tan esperada respuesta: ya había encontrado lo que podía hacer en esta vida.

Amigos Divinos

Simplemente,
ofrezco estas palabras para decirles
gracias por compartir
este momento
extraordinario en mi vida;
sin todos ustedes, hubiera sido muy diferente.
Todos somos los hijos preferidos de Dios
y, al mismo tiempo,
según los especiales dones recibidos,
somos tan únicos.

Gracias a Ana
todos sentimos
compasión y fortaleza.

Gracias a Vigie
aprendimos
a honrar a nuestros pacientes,
desconocemos lo mucho que nos pueden ayudar,
pero sí sabemos
que aquel dolor antiguo puede ser desvanecido.

Los miedos también pueden ser superados,
aunque saltemos acantilados por querer sobrevivir.
Gracias, Yann.

Experimentamos cómo dejar atrás
las responsabilidades que ya no nos pertenecen,
aunque las cargáramos desde la niñez.
Gracias a Stacy
aprendimos que donde había peso
podemos, en cambio, sentir ligereza.

Si matamos a otras personas en las guerras
y nuestras almas sienten culpa,
aprendimos
que el alma siempre supo
que la no violencia era la verdad.

Gracias a Celestino
aprendimos
que la seguridad proviene
de la unidad de la familia,
más que del dinero.
Y como él dijo:
todos somos bendecidos.

Hoy es el día del adiós.
Gracias a Carmella
aprendimos que no existe la separación
entre aquellos que se aman,
pudimos dejar nuestros miedos atrás,
y esperamos un día volver a encontrarnos.

Y gracias a ustedes, Carol y Brian,
por la valentía
de escribir,
develando una verdad.
Nos permitió a todos nosotros estar aquí,
que este grupo se pudiera encontrar,
hizo posible que nuestras vidas
y las de otros puedan mejorar.

"La Sabiduría y el Conocimiento serán la estabilidad de sus tiempos"

Omega Institute, New York: la autora leyendo su poesía, en el entrenamiento personal con el Dr. Brian Weiss

Capítulo 3
Terapia de Regresión a Vidas Pasadas: modalidad y beneficios

¿Alguna vez estuviste en un país extranjero y te han tratado como si no lo fueras, porque te veían como uno de ellos? ¿O incluso, tal vez, reconociste lugares que visitaste por primera vez, pero, sin embargo, conocías la dirección de las calles y hacia dónde te dirigías, como si hubieras estado allí antes?

¿Quizá, soñaste con algún lugar que no habías transitado anteriormente y sabías con certeza qué lugar era ése?

¿Te sorprendiste emitiendo alguna palabra en idioma extranjero que desconocías, pero la utilizaste en el momento oportuno y con el significado adecuado?

¿Has tenido algún recuerdo de vidas pasadas después de una meditación?

Estas situaciones son algunos de los elementos que traen los pacientes a sus primeras consultas y que los acercan a que quieran tener su experiencia de regresión.

Cuando les pregunto a los pacientes por qué quieren hacer una regresión, muchos de ellos me contestan que lo hacen para solucionar algún síntoma, resolver alguna fobia, y hasta problemas de migrañas; otros quieren tener la experiencia de lo que alguien les dijo que habían sido en sus vidas anteriores; y muchos se acercan a este tipo de terapia para conocerse más, para tener mejores relaciones o también para aliviar el dolor de la pérdida de un ser querido. Y éste es un punto muy importante, porque muchas de las dificultades que enfrentamos ocurren, en realidad, porque hemos olvidado quiénes somos realmente, ya que nos relacionamos con falsas identidades, creemos que somos los roles que desempeñamos, el cargo que ocupamos en un trabajo, y depositamos, así, nuestro ser en un rol temporario, cuando realmente somos almas eternas que venimos a cumplir un determinado papel en esta escena de la vida y, a veces, "creerse el personaje" puede ser muy confuso. Las regresiones, entonces, nos ayudan a encontrarnos con nuestra autenticidad y nos invitan a ser fieles con nosotros mismos, alimentando nuestra esencia espiritual, porque ofrecen un espacio de conexión con nuestro ser interior que muchas veces quiere expresarse y no le damos crédito o lo desoímos o, simplemente, lo ignoramos, sin darle la oportunidad de que tenga un espacio de expresión, atiborrándonos con miles de ocupaciones supuestamente importantes.

Ahora bien: ¿cómo es que llegamos a ese estado de recordar? Por medio de una relajación profunda, la persona es capaz de tener un nivel de concentración que le permite evocar recuerdos de su infancia, en primera instancia, para llegar, luego, a recuerdos más lejanos, como las vivencias dentro del vientre materno u otras situaciones experimentadas en otras épocas y tiempos diferentes a los de la vida actual.

Hay pacientes cuya motivación es recordar situaciones de su infancia, porque directamente no tienen registro de ese momento de sus vidas. Pacientes que tuvieron a sus padres por poco tiempo y necesitan evocar los recuerdos de esos momentos y el conectarse nuevamente con escenas cotidianas de demostración afectuosa les resulta muy reparador para sus vidas presentes. Un contador, por ejemplo, cuando realizó su primera regresión no pudo tener ningún recuerdo de su infancia, ni placentero ni desagradable; pasó directamente a un recuerdo de vida pasada. Sin embargo, en su segunda regresión, empezó a recordar y a describir un jardín y un taller de escultura con mucho detalle, y cuando lo comentó con su madre, ella le aclaró que ese lugar era el sitio al que acudían frecuentemente cuando él tenía tres años de edad.

Es importante destacar que la evocación de recuerdos positivos está a nuestro servicio para que éstos sean incorporados en la vida presente, son aprendizajes que fueron vividos y olvidados; de esta manera, el paciente, al apropiarse nuevamente de estos conocimientos, los transformará en el norte de la brújula que guiará su vida hacia la meta deseada o planeada antes de nacer.

¿Es necesario que la persona crea en la reencarnación para realizar una regresión? En absoluto. Muchas personas se presentan en el consultorio como agnósticas y, después de tener la experiencia y confirmar sus vivencias en libros de historia y descubrir hechos o lugares desconocidos por ellos en esta vida, confirman que esto no es producto de su imaginación, sino que lo evocado sucedió realmente. Por lo tanto, no es necesario que la persona crea en la reencarnación, simplemente, este tipo de terapia favorece un ámbito donde se pone de manifiesto su existencia. Cada lector y paciente tienen la libertad también de enfocar estos mismos hechos desde su propio sistema de creencias religiosas o psicológicas. Además, el paciente mismo se da cuenta de si es una vida pasada o es producto de su imaginación lo que está evocando, y esto sucede en función de la intensidad emocional con que se recuerda la vivencia, el efecto terapéutico de alivio o desaparición de un síntoma y la recurrencia con que se da un determinado recuerdo. También hay que tener en cuenta que esto es parte de un momento terapéutico, y como tal es un proceso en el cual se van armando las distintas piezas de un rompecabezas. Tal vez, en la primera regresión, se tiene una determinada experiencia y ésta se puede reiterar ampliando detalles en sucesivas regresiones.

El requerimiento indispensable para realizar una regresión es que el paciente posea una estructura psíquica estable. Esta terapia es recomendable para personas que quieran mejorar sus relaciones sociales, trayendo a la conciencia aprendizajes de vidas pasadas; también como complemento de la terapia que estén realizando en ese momento, ya que no es necesario que la persona deje su terapia, sino que puede incorporar esta herramienta clínica a su tratamiento actual; asimismo, se recomienda a las personas que sufren fobias, migrañas, miedo a la muerte, estrés, enfermedades psicosomáticas, o a aquellos que hayan tenido sueños vívidos que pudieran indicar un recuerdo de vida pasada o experiencias de *déjà vu*.

En el estado de vigilia, nos manejamos con la parte consciente de nuestra mente, somos analíticos y críticos. Cuando dormimos, aflora nuestra parte inconsciente, durante el sueño, el cual puede estar formado por restos diurnos que se condensan en imágenes que pueden traducirse en oportunidad de cumplimiento de algún deseo reprimido o, quizá, la anticipación de un suceso o, a veces, también nos trae recuerdos de escenas de vidas pasadas.

El estado de relajación que se logra durante la regresión es como un "dormir despierto", debido a que estamos conscientes de lo que sucede alrededor, de lo que sucede en nuestro cuerpo, por ejemplo, si tenemos frío o calor, estamos conscientes de lo que decimos y sentimos, y ese estado expandido de nuestro ser nos permite estar más perceptivos a nuestra alma –o esencia espiritual– sin perder nuestro juicio crítico. Lo paradójico de ese momento en el que se está como en un soñar despierto es que, en ese estado de conciencia, son las virtudes, las capacidades dormidas de esta vida, las que se despiertan. Por ejemplo, una paciente se vio en un desierto vestida de azul y se sorprendió por lo extraño del color de su ropa, pero, a pesar de esto, continuó con el proceso. Al finalizar la sesión, investigó y pudo descubrir que las personas de la tribu *tuareg*, de África, se visten de azul, y que la vida que recordó concordaba con la filosofía de esa tribu, desconocida para ella hasta entonces.

La TRVP es como un puente que une la orilla del plano consciente de la vida cotidiana con la orilla que conecta con la esencia de nuestro ser, con aquella identidad olvidada de nuestra alma. En ese recorrido, se pueden advertir las huellas de otras existencias, que se transformarán en herramientas para revalorizar la oportunidad de cambio que nos ofrece la vida presente, y que así podamos, por ejemplo, superar fobias, mejorar modalidades vinculares, disminuir síntomas psicosomáticos, dejar de temer a la muerte, reducir el estrés y, en algunas ocasiones, encontrar respuestas a las preguntas "¿por qué a mí?" o "¿qué hice yo para merecer esto?"

Es importante mencionar que este proceso de recordar vidas pasadas sucede independientemente del credo religioso o nivel de ateismo del consultante. Algunas personas que se presentan como agnósticas o ateas se acercan porque sospechan que debe haber un algo más antes, durante y después de esta vida. Después de algunas sesiones, estas sospechas se transforman en una experiencia vivencial que siempre se recordará.

BENEFICIOS

El primer beneficio inmediato está dado por el estado de relajación que obtiene el paciente. En este estado de calma puede lograr una percepción más aguda sobre su estado actual y sus sentidos. Esto conlleva una mayor capacidad de respeto, responsabilidad y amor por la propia vida y la de los demás.

Al igual que en el psicoanálisis, el hacer consciente lo inconsciente, con la posibilidad de hacer catarsis de las emociones de situaciones reprimidas, olvidadas, proporciona un alivio considerable de los síntomas.

Pero no sería una terapia apropiada para personas que están descompensadas psicológicamente, bipolares, psicóticas o con adicciones.

Básicamente, éstos son algunos de los beneficios más notables de las regresiones:

- Eliminar la culpa: nos permite disfrutar del presente.
- Tanto la meditación como la regresión implican experiencia de sentirse un alma.

- Acceder a conocimientos espirituales de los cuales no se tenía conciencia.
- Sanar heridas del pasado.
- Perder el miedo a la muerte.
- Valorar la nueva oportunidad que trae esta vida. Cumplimos un rol, un determinado papel en este escenario de la vida. Venimos a actuar estos roles mundanos, aunque con una actitud divina.
- Posibilitar el perdón

La TRVP propicia un escenario donde salen a la luz las verdades ocultas de cada ser humano, quitando ciertos velos, permitiendo que se vea la propia esencia de su alma. En mi página de Internet (www.lilianahollmann.com.ar), elegí, justamente, detalles de la obra de Claude Monet porque, siendo impresionista, él afirma que no vemos el objeto como tal, sino la luz que lo envuelve cuando lo miramos. De la misma manera, a través de esta modalidad terapéutica, también nosotros podemos conectarnos con nuestra luz interior e irradiarla hacia los demás, quienes también portan su propia luz.

Podemos ver una puesta de sol en el campo, donde los rayos de calor se esparcen a todos los seres del mundo por igual, pero, a veces, no podemos percibir la belleza del atardecer porque hay edificios, torres, antenas, paredes que impiden contemplar la estrella que nos brinda vida y sostén a nuestra existencia. De igual forma, nuestros miedos, agitaciones, angustias, prisas, desánimo o aburrimiento impiden que nos conectemos con esa partícula luminosa, el espíritu diferenciado que es nuestra propia alma que habita en nuestro cuerpo. Las regresiones disuelven esas barreras de impedimentos, ofreciendo el momento propicio para que el alma manifieste su anhelo, encontrando la fuerza y la espontaneidad para expresar su gracia.

En estos momentos de incertidumbre y de cambios, se está convirtiendo en un deber el escuchar el llamado de nuestra alma, que es nuestra constante a través de las edades y que se manifiesta, entre otras maneras, a través de la intuición. La TRVP te ofrece el marco, el ambiente, para que puedas percibir esa luz del sol que brilla en tu interior. Al escribir estas palabras, me viene a la mente una canción que cantaba de pequeña en la iglesia:

Ésta es la luz de Cristo, yo la haré brillar, brillará, brillará sin cesar.
Toma hermano esta luz y hazla tú brillar...

Ya sea que sigas a Cristo, Buda, a otro Maestro o a ninguno, creo que sería bueno que te preguntes cuáles son las actitudes que te hacen brillar, cuáles son los pensamientos, sentimientos, acciones que hacen que se reflejen el diamante, la joya, el sol que brilla en ti. Y recuerda que no importa lo que sepas, lo que importa es lo que haces con tu saber.

Capítulo 4
Karma y reencarnación

Muchos pacientes se acercan a la consulta para saber si estuvieron juntos con sus seres queridos anteriormente. Esta inquietud habla sobre la perpetuidad de los lazos amorosos. "El amor y la verdad son eternos", dijo una paciente al día siguiente de que falleciera su padre. El sello amoroso que vincula ciertas almas en distintos roles durante distintas vidas se va extendiendo y transformando, perfeccionándose, hasta que en un determinado momento se tiene el conocimiento interno de que con ese ser ya se han compartido distintas vivencias anteriormente.

En la filosofía hindú, se considera que elegimos a nuestros padres. En mi caso particular, durante mucho tiempo, pensé que había estado bastante dormida al momento de elegir los míos. Pero no era la única que manifestaba cierto descontento. Un alto porcentaje de mis pacientes se quejaban de sus padres. Me resultaba extraño que si habíamos elegido a nuestros padres, a veces, hubiera tanto conflicto en ese tipo de vínculo. Luego, con el correr del tiempo, fui comprendiendo que esa elección me había ofrecido el mejor marco para que pudiera expresar mis virtudes y superar mis debilidades.

Esta inquietud la tuve durante un largo período y si bien sabía que había un karma que resolver entre esas personas, no dejaba de preguntarme, en algunas circunstancias, por qué tenía que ser tan difícil. Una vez tuve la oportunidad de plantearle este interrogante a un monje, y él me contestó: "*Elegimos a nuestros padres según lo que necesitamos, no por lo que queremos*". ¡Cuánta simpleza, cuánta responsabilidad!

María, una paciente de treinta y tres años, relata que cuando tenía cinco años, le tomaba la cara a su padre y le decía: "*Yo te conozco de antes, pero vos tenías otra cara*".

Otra paciente, también de treinta y tres años, empieza a entender las cartas que le había dejado su mamá antes de morir, en las que le decía: "*Ya estuvimos juntas antes...*". Cuando ella las leyó a sus veintiún años, algunos mensajes parecían indescifrables; aunque ahora esas palabras van cobrando sentido a la luz de la idea del karma y la reencarnación.

Karma significa efectos, consecuencias de acciones pasadas, ya sean de esta vida o de vidas previas; proviene del sánscrito *kri*, que significa 'hacer'.

La equilibrante ley del karma –como es expuesta en las escrituras hindúes– es la de la acción y la reacción, causa y efecto, siembra y cosecha. Conforme se va desplegando la vida, cada persona, a través de sus pensamientos, sentimientos y acciones, se vuelve el moldeador de su propio destino. Cualquiera sean las energías, las intenciones que cada ser humano haya puesto en movimiento, activadas al servicio de un buen o mal propósito, retornarán hacia él, hacia el punto de partida, como un círculo inexorable que se completa a sí mismo.

Si entendemos el karma como ley de justicia que alcanza los pensamientos, sentimientos y acciones de los seres humanos, esto nos remite indefectiblemente a hacernos responsables de la situación actual de nuestra vida y del mundo. Tenemos, entonces, un karma individual y un karma colectivo fruto de las acciones de un determinado grupo dentro de una comunidad, que va conformando el karma de un país, y el conjunto del karma de los distintos países va configurando el karma mundial.

Cada vez más, nos estamos dando cuenta de cómo lo que le sucede a un sector del país o del mundo nos afecta directamente. Por eso es importante también ver la contrapartida activa de transformación positiva en tanto y en cuanto también nos podemos volver agentes de cambio, modificando el entorno gracias a nuestras buenas acciones o pensamientos, dado que se ha comprobado que el observador modifica el objeto observado. Estamos viviendo en un mundo violento y depende de nosotros crear nuestro propio espacio de paz interior para sobrellevar las situaciones diarias y ser más conscientes de que nuestros pensamientos, sentimientos y acciones tienen consecuencias, y así podamos concretar ese anhelo de paz, deseado porque alguna vez fue experimentado.

Karma, por tanto, implica una acción y la consecuencia que ella conlleva. Muchas veces, percibimos consecuencias y nos olvidamos de la causa que generó determinada situación. Lamentablemente, en la Argentina, tenemos una frase, *"dale, hacelo, total... no pasa nada"*, que por estar teñida de pensamiento mágico, niega la consecuencia de esa acción, como si hiciera desaparecer o invalidara el curso de esa acción que de por sí va generando, creando cierto movimiento de hechos que, a veces, desembocan como cascada incontenible o, en otras ocasiones, son procesos más lentos que luego pueden llegar a cristalizarse en hábitos, enfermedades o en determinadas patologías.

Karma es, entonces, acción y el efecto que ella provoca. Existe un karma individual y uno colectivo. Lo que le pasa al otro también me afecta. Cada vez más nos afecta e impacta lo que sucede en China, en Estados Unidos o en Las Malvinas. Estamos más conectados de lo que tenemos conciencia, estamos más entrelazados de lo que nos damos cuenta. Somos víctimas de los desencuentros y desinteligencias que llevan a los hombres a la violencia. Sentimos que estamos indefensos y no podemos hacer nada.

En realidad, en estos momentos, cada pensamiento positivo y cada acción positiva tienen también un impacto y una consecuencia. Te sugiero empezar por el cambio positivo en cuanto a tu propia persona. ¿Qué puedes hacer hoy para quererte más? ¿Cómo puedes demostrar tu amor por ti? Después de encontrar y poner en práctica tu propia respuesta, podrás contestar la siguiente: ¿qué puedes hacer por tu prójimo?, en forma visible o en silencio. De esta manera, estarás creando karma positivo para ti, para tu comunidad y el mundo. No desestimes ningún acto, aunque parezca pequeño. Tu grano de arena es necesario para el "médano" de paz que necesita el planeta.

El propósito final de todo proceso terapéutico es hacer que el sujeto sea responsable de su vida, que se haga cargo de su ser. En el psicoanálisis se busca la causa de ciertos síntomas en eventos de la infancia y el hacer consciente lo inconsciente está al servicio de recordar para no repetir. La TRVP permite incorporar ciertas actitudes, herramientas, cualidades, dones que debemos aprender o recordar para transitar las situaciones kármicas de esta vida con mayor coraje o con mayor facilidad; el karma no va a desaparecer, pero vamos a estar mejor preparados para enfrentarlo, resolverlo y superarlo, para que quede como lección aprendida y se convierta en talento o facilidad para esta vida y las posteriores.

Evidentemente, la humanidad va evolucionando, ya que el nivel de conciencia de muchas personas de este planeta está acercándose y vivenciando su *ser espiritual*, a través de diferentes caminos. Por suerte, tal como lo expresó el Dr. Brian Weiss en los *workshops* que dio en Buenos Aires, en abril de 2007 y 2009:

Hay más personas buenas que malas en el mundo.

Otra muestra de este avance es que, por ejemplo, hace quince años atrás, las palabras "karma" o "reencarnación" no eran parte de nuestro lenguaje cotidiano. Si bien, a veces, no se le da el verdadero significado al término "karma", y se utiliza como sinónimo de "castigo", muchas personas lo utilizan en su vocabulario actualmente. Lo cierto es que si karma implica acción, todos generamos un buen y mal karma en distintas proporciones. Lo novedoso es que las consecuencias de nuestras acciones traspasan las barreras de una vida y nos esperan hasta nuestra próxima encarnación para que experimentemos sus efectos. Nuestra vida no termina en una sola existencia.

Una manera de experimentar que nuestra alma es inmortal es a través de la TRVP . Durante las sesiones, aparecen recuerdos de otras vidas que dan respuesta a la pregunta de dónde proviene la causa de situaciones que se padecen en el presente. Recordarlas, pasarlas por el corazón, volverlas a ver, sentir, repensarlas y saber que ahora se está frente a una nueva oportunidad para superar y transformar, en vez de repetir, proporciona al paciente un alivio de sus síntomas y también una oportunidad de que pueda ejercer su libre albedrío en beneficio de su propio crecimiento, en lugar de continuar con la posición quejosa del padecimiento repetitivo.

Hay dos lecciones fundamentales que venimos a aprender en este mundo: el Amor y el Perdón. La frase de Jesús en la cruz, *"Padre perdónalos, porque no saben lo que hacen"*[1], es la prueba mayor para considerar a Cristo como el Gran Maestro de estas lecciones.

"Ama a tu prójimo como a ti mismo." ¡Cuánto dolor hay en el mundo por no poder amarnos a nosotros mismos y cuánta incapacidad encontramos en dar ese amor al otro!; a nuestro prójimo, a nuestros seres queridos, y mucho más difícil se vuelve amar a nuestros enemigos.

Cuando nos damos el permiso de amarnos a nosotros mismos, somos capaces de decir *no* y de animarnos a poner límite, un fin a esa cadena de sucesos que nos atrapan en distintas vivencias sufrientes. Superar un karma, ganar *libertad*. Si podemos ejercer el perdón a nosotros mismos, podremos ser más compasivos frente a las miserias ajenas que también nos duelen.

La fuerza que nos proporciona el saber que tenemos una nueva oportunidad para amarnos, perdonarnos, amar y perdonar al otro, nos brinda el coraje suficiente para girar el timón de nuestra vida hacia las orillas de nuestro verdadero destino.

[1] Lucas 23, 34.

Muchas veces, la novela de nuestra vida se ve interrumpida, y quedan capítulos inconclusos, sin escribir, y tenemos una nueva oportunidad de completar el libro de nuestro conocimiento en otro espacio y otro tiempo. Es importante recordar en qué capítulo quedamos para seguir avanzando en nuestro camino. Como dije en otra oportunidad, no necesariamente la persona que realiza una regresión tiene que creer en la reencarnación, simplemente, al percibir su alma como real, existente, como compañera eterna que guarda los secretos de sabiduría y anhelos por concretar, podrá entender la hermosa *compasión* de Dios al darnos una nueva oportunidad para reparar errores y comenzar una hoja en blanco en el libro de nuestra existencia. Es por *misericordia* que nos volvemos a encontrar con los seres queridos y los no tan queridos para poder tener la oportunidad de superarnos por encima de nuestras limitaciones.

En el Capítulo III de *Muchas vidas, muchos maestros*, el Dr. Brian Weiss expone:

> *En el año 325 d. de C., el emperador romano Constantino el Grande, junto con Helena, su madre, había eliminado las referencias a la reencarnación contenidas en el Nuevo Testamento. El segundo Concilio de Constantinopla, reunido en el año 553, confirmó ese acto y declaró herética la idea de la reencarnación. Al parecer, consideraban que esta idea debilitaría el creciente poder de la Iglesia, al conceder a los seres humanos demasiado tiempo para buscar la salvación. Sin embargo, las referencias originarias habían existido; los primeros Padres de la Iglesia aceptaban el concepto de la reencarnación. Los primitivos gnósticos –Clemente de Alejandría, Orígenes, San Jerónimo y muchos otros– estaban convencidos de haber vivido anteriormente y de que volverían a hacerlo*[2].

Por consiguiente, el concepto de reencarnación, que no es exclusivo de la filosofía oriental, enuncia que los seres humanos, por no haber

[2] Weiss, Brian, *Muchas vidas, muchos sabios*, Javier Vergara Editor, Buenos Aires, 1989.

podido cumplimentar determinados deseos, y por querer, imperiosamente, reparar o solucionar ciertas situaciones, sienten la necesidad de regresar a la Tierra cíclicamente, para forjar nuevos destinos de superación. Pero también esta idea se encuentra en nuestro inconsciente colectivo cuando, a veces, nos preguntamos "¿qué hice yo para merecer esto?", y lo que subyace a esta pregunta es "¿qué hice cuándo?" Recuerdo que me hice esta pregunta por primera vez a los quince años, mientras comenzaba a caminar los dos kilómetros de calles de barro para llegar a tomar el primero de los dos colectivos que me llevarían a mi colegio secundario en San Miguel, provincia de Buenos Aires. Ahora sé que tenía que aprender a desarrollar mi fuerza de voluntad y tener mayor comprensión sobre las vivencias de mis antepasados.

Esta idea nos lleva a pensar en un ser humano compuesto por su físico, su aspecto material, y por otro aspecto, el espiritual, invisible a los ojos. La diferencia básica es que el cuerpo es pasajero, mientras que el alma es eterna, es inmortal; y el cuerpo es el instrumento a través del cual el alma va alcanzando distintos niveles de evolución por medio de las distintas encarnaciones. De ahí que la reencarnación sea una gran oportunidad de superación[3].

La reencarnación no es un dogma, sino que este concepto es experimentado en forma libre, autónoma, de manera espontánea y natural durante el proceso de regresión. Teniendo en cuenta esta visión, la TRVP es una herramienta terapéutica por la que la persona puede empezar a comprender la problemática de su vida actual considerando sus acciones pasadas de otras vidas, posibilitando, así, la oportunidad de mejorar su karma, resolviendo situaciones pendientes del pasado o descubriendo y recordando virtudes para poder implementarlas en esta vida presente.

El karma de un hombre sigue de encarnación en encarnación hasta que es completado o espiritualmente trascendido, como las materias

[3] Szalay, Ione, *Qué es la reencarnación*, Editorial Kier, Buenos Aires, 2001.

que quedan pendientes durante el colegio. Reencarnamos porque hay un karma pendiente, hay acciones que deben equipararse en la balanza del bien y del mal. Una manera de contrarrestar los efectos negativos de nuestras acciones pasadas es la meditación. Cuando estaba como colaboradora de la escuelita para niños del Centro de Yogananda, en Buenos Aires, les explicábamos a los chicos los beneficios de la meditación, asemejándolos a una lámpara que puede disipar los malos hábitos con los que está cubierta nuestra alma y, así, mostrarnos de nuevo su luz. Cuanto más nos conectemos con nuestra esencia luminosa, a través de la meditación o las regresiones, estaremos más conscientes de nuestro potencial divino.

Las orillas de bienaventuranza están dispuestas para todos los seres humanos, pero, a veces, conducimos nuestra barca hacia otros horizontes. Hay personas que navegan hacia esas orillas con mucho esfuerzo y dedicación, venciendo obstáculos, aunque teniendo en claro cuál es el destino final. Otras personas pareciera que avanzan más rápidamente o se deslizan más serenamente sobre las aguas inquietantes de la vida. Seguramente, el resultado de sus buenas acciones pasadas o del presente hacen que desplieguen velas, para que, con el viento a favor, puedan llegar a esas orillas de realización del ser.

Todas las barcas están equipadas con las herramientas para que alcancemos a descubrir, en esta vida, nuestra propia divinidad, sabiendo que somos hijos de Dios, independientemente de la religión que profesemos.

Hace poco tiempo que la humanidad se está despojando de la concepción de que Dios castiga. En realidad, él nos invita a estar en su presencia, y el autocastigo es nuestra propia indiferencia.

Es este olvido el que nos hace sufrir, por eso, las regresiones se convierten en una vía para hacernos recordar, entre otras cosas, ese lazo, ese eslabón que nos une con el Creador.

Para aquellos que les parece que todo es difícil, complicado, costoso, es bueno pensar que uno de los músculos que deberían desarrollar para llevar la barca a puerto es el de la fuerza de voluntad, y eso no se puede desarrollar sin obstáculos. Pero también la confianza en una Energía Superior es lo que hace que podamos transitar las aguas en momentos de tormenta e incertidumbre.

La meditación nos permite experimentar la presencia de Dios, a través de sus distintas manifestaciones: de amor, gozo, paz, paciencia, bondad, benignidad, fe, mansedumbre y templanza.

La regresión permite experimentar la existencia de nuestra alma, se hace oír en nuestro silencio cuando acallamos las inquietudes del cuerpo y de la mente. Se observan escenas, se viven emociones, se liberan miedos, se ponen límites; y el alma se expresa, nos hace saber qué es lo que necesitamos y en el momento de la regresión escuchamos. La regresión nos posibilita ser más receptivos. Muchas veces, el alma intenta comunicarnos algún mensaje mediante los sueños; en otras oportunidades, es nuestro cuerpo el que nos manda señales, que tenemos que parar o estar más tranquilos, pero algunas veces no escuchamos. En el momento de la regresión, escuchamos el mensaje, la receptividad es tan amplia que el impulso transformador es tan fuerte y certero que hace que se desplieguen esas velas del cambio que estaban atadas debajo de la ilusión de la imposibilidad.

La frase *"Conócete a ti mismo"* de Sócrates, y la de Jesús, *"La verdad los hará libres"*[4], nos dan pistas de cómo ir liberándonos de nuestro karma negativo; y si podemos ser coherentes con nuestro pensar, sentir y actuar, y vivir en concordancia con lo bueno, lo bello y lo verdadero, nuestro karma positivo aumentará, y nos permitirá que soltemos las amarras de nuestras necesidades kármicas, para que nuestra barca se deslice sobre las aguas de bienaventuranza.

Recuerdo que en una conferencia de yoga a la que asistí en Los Ángeles, en 1993, la presidenta de *Self Realization Fellowship*, Sri Daya Mata, planteó lo siguiente: "... *Estamos hechos a imagen y semejanza*

[4] Juan 8, 31-32.

de Dios, pero ¿reflejamos esa imagen?... Nuestras almas son como flores de un bouquet que se entregarán a Dios, y a nadie le gustaría ser la flor marchita ¿no es cierto?".

Cuando tenemos buenos pensamientos, que nos llevan a buenos sentimientos y acciones, estamos actuando con esa imagen y semejanza de Dios que habita en nosotros y nos sentimos libres. Cuando no lo hacemos, vamos marchitando esa capacidad divina. Justamente, lo que nos diferencia de los animales es nuestra capacidad de razonamiento y nuestro libre albedrío, por el que elegimos todas nuestras acciones y, por consiguiente, somos responsables de las mismas. "Responsables" quiere decir que podemos responder por nuestros actos.

Parece que ahora no tenemos tiempo de pensar o razonar y, simplemente, reaccionamos, accionamos sobre la acción de otro y, en ocasiones, nuestra voluntad consciente se pierde. Esto se pone de manifiesto cuando somos presa de sufrimiento por efecto del karma masivo negativo, que va desde ser víctima de la agresión diaria del tránsito, la indiferencia por el hambre que pasan muchos habitantes de la Tierra hasta los casos más extremos de destrucción de vidas por las guerras. Parecería que estamos frente a una oportunidad donde la humanidad debe revertir esta situación, donde la sumatoria de los buenos pensamientos y acciones individuales deberían tener el poder de contrarrestar ese mal karma colectivo de violencia. Por ello, cada vez que una persona experimenta una conexión con su alma, durante la regresión, está posibilitando un cambio de conciencia, un despertar a otro plano donde se identifica no sólo con su cuerpo, sino con esa imagen sagrada que palpita en ella.

¿Cómo alimentar lo positivo del karma?

Es conveniente desechar la idea fatalista de que estamos atados para siempre al karma como a un ancla. Ante la adversidad, es bueno preguntarse *qué tengo que aprender de esta situación, qué tengo que cambiar, qué cualidad que está paralizada o desactivada debo movilizar.* Cuando nos preguntamos *para qué se me presenta esta situación*, estamos saliendo del lugar de víctima, del "¿por qué a mí?", que nos invita a pensar en soluciones. Poseemos la capacidad de tener buenos pensamientos y de realizar buenas acciones para transformar el karma negativo, entonces, usemos esta capacidad a nuestro favor.

Aquí es donde la TRVP ofrece la posibilidad de ver salidas, alternativas, soluciones jamás pensadas desde nuestra parte consciente. El recordar o evocar una cualidad, como puede ser la calma, experimentar esa sensación y llevarla a la vida cotidiana para enfrentar las mismas situaciones, pero con diferente actitud, es el comienzo del cambio de transformación de una situación de sufrimiento en conquista de una oportunidad.

Volviendo al tema de la actitud, tuve la oportunidad de conocer al monje Chidananda, discípulo directo del Maestro Vivekananda. Siempre me impresionó una frase suya muy inspiradora, que comparto con mis pacientes:

Transformar el obstáculo en oportunidad.

Si reconocemos que nos hemos equivocado y tomamos la resolución de no volver a repetir eso, aun cuando caigamos nuevamente, esa caída será menor, porque estaremos haciendo el intento, nos quedaremos menos tiempo en el piso, porque sabremos que estaremos batallando y es indispensable que nos levantemos enseguida.

Ahora que estamos al tanto de que permanecemos atados a la rueda de nacimientos y muertes para aprender lecciones, cuando estemos frente a una de ellas, en vez de asustarnos o pensar que es demasiado difícil para nosotros, conviene tomarla como una oportunidad de crecimiento y liberación; en la próxima encarnación, eso ya no molestará más.

Muchos pacientes manifiestan culpa porque tienen una buena vida, y el hacer las regresiones les proporciona el alivio de saber que ellos han conquistado esa posición porque lo han trabajado antes. Si una persona está pasando por un momento difícil o pasó una situación penosa en otra vida, el tratamiento brinda un aprendizaje, una nueva comprensión, y muestra las causas de sufrimiento propio y ajeno.

Durante el proceso de regresión, las escenas del karma de vidas pasadas se despliegan y nos proporcionan el conocimiento de ciertas acciones que hemos activado, y ese conocimiento nos brinda la posibilidad de usar nuestro razonamiento para que dejemos de actuar como autómatas. El poder de discriminación se agudiza y decidimos, entonces, usarla, actuando a nuestro favor en esta encarnación presente.

La conexión con nuestra identidad divina es lo que se experimenta en las regresiones, esa unidad de estar percibiendo nuestra alma y nuestro espíritu integrado a nuestro cuerpo, que actúa como instrumento para realizar y concretar los deseos y batallas que nuestra alma quiere conquistar.

Cuando recordamos nuestras vidas pasadas, los sufrimientos, los miedos, las libertades obtenidas por haber tomado las decisiones acertadas, y vemos esas escenas como sueños que estamos creando despiertos, comprendemos, entonces, que esto que estamos viviendo será, en un futuro, tan onírico como eso que recordamos de nuestro pasado.

Antes, hemos equiparado a la regresión con el soñar despierto; en la regresión, al igual que en el sueño, no estamos identificados con nuestros problemas.

En los sueños, nos contactamos con el anhelo del alma, de ahí que Freud hablara de los sueños como una forma de cumplimiento de deseo. Cuando dormimos, el cuerpo descansa, pero el alma está despierta y se expresa en sueños vívidos que pueden ser premonitorios o, a veces, pueden mostrar escenas de vidas pasadas.

Cuando estamos en un retiro o en una meditación profunda, nos sentimos tan livianos, tan libres, con la sensación de que todo está en orden; ese bienestar es el efecto de darse tiempo para cultivar un karma positivo.

Podemos solucionar un problema dejándolo a un lado por un tiempo. ¿Vieron que uno dice "lo tengo que consultar con la almohada"? Una paciente trajo uno de sus sueños a la consulta, donde le decía a su pareja: "No me hables nimiedades, ahora estoy en mi esencia". Éste fue su relato:

> Estaba en Córdoba. Discutía con mi pareja y alguien más, un hombre, quizás, un ángel. Yo le recriminaba algo a mi pareja, le decía: *"En este lugar me pongo esencial. No me vengas con pavadas, cosas mínimas, cuando acá funciono conectada a la esencia".*
>
> El hombre ángel me decía: *"... y, entonces, ¿qué es lo que te hace sufrir en la vida?".* Pensaba y, luego, le contestaba: *"Sufrimos cuando nos creemos demasiado el personaje. Cuando funcionamos con el personaje y nos olvidamos de la esencia. Acá funciono con la esencia".*

A partir de la TRVP, vivenciamos que somos almas inmortales, lo cual nos da la posibilidad de conocernos a nosotros mismos y de entender por qué somos como somos. Habrás notado que algunos bebés nacen con ciertas características y hábitos propios, o sea que no se han desarrollado por imitación en el corto lapso de esta vida. Si te tomas el tiempo de analizar las tendencias que tenías de niña o niño, podrías ver en ellas indicadores de vidas pasadas.

Por medio del buen uso de la memoria, podemos reproducir aquellas experiencias de nuestras vidas pasadas que son beneficiosas para incrementar nuestro conocimiento en esta vida. Recordando los buenos y malos efectos de experiencias pasadas, estaremos en mejores condiciones de discriminar y podremos deshacernos de los hábitos que nos causan dolor y tristeza en esta vida. ¿Vieron esas personas que cuentan lo mal que lo pasaron en tal operación o lo mucho que sufrieron por un desengaño amoroso, y lo cuentan una y mil veces? Así, repiten todo el sufrimiento que han pasado una y otra vez, lo traen a la conciencia. ¿Para qué repetir esas experiencias? La evocación durante la regresión está al servicio de dejar de repetir y elegir alternativas diferentes.

También debemos ser cuidadosos en cómo nos definimos. Si afirmamos "soy una persona nerviosa" o "soy temerosa" o "soy así, y a esta altura de la vida no voy a cambiar", estamos reforzando ese pensamiento negativo. Tenemos la posibilidad de liberarnos de este discurso. Es conveniente que tengamos una mirada más beneficiosa de nosotros mismos y que cuidemos las palabras que usamos para nosotros y los demás.

> *En Japón, existe la creencia generalizada de que el alma mora en el espíritu, el cual está presente en la palabra*[5].

¿Te acuerdas de las estatuillas de los monos sabios de no mirar, no escuchar, no hablar del mal? Es preferible convertirlo en pensamientos positivos, ahora, gracias a los estudios del Dr. Masaru Emoto, se comprobó científicamente cómo las partículas de agua se van modificando de acuerdo con los pensamientos, la música y vibración, según sean positivas o negativas, se van formando distintos cristales. Nuestro pensar, sentir y actuar transforma la sustancia, y eso es lo que hace que nos sintamos mejor o peor, conforme la naturaleza de ese pensar, sentir o actuar.

Y ¿qué pasa si en la regresión aparece una situación desagradable? Durante las regresiones las personas son totalmente conscientes del tipo de recuerdo que evocan. Cada recuerdo tiene su tiempo, el paciente encontrará el momento en el que estará preparado para evocar una determinada situación. Un paciente recordó que estaba asistiendo a un mago que no hacía cosas muy buenas y, simplemente, dijo: "No quiero recordar eso", por lo tanto, respeté su pedido. Había algo que no quería rememorar y, al final de la regresión, pudo comprender que los síntomas que lo habían motivado a comenzar el tratamiento eran similares a una situación vivida anteriormente. Entendió que no necesitaba sentirse culpable ni castigarse por esas acciones; en esta vida, ya estaba contrarrestando aquellos errores, en consecuencia, lo invadió una sensación de compasión hacia sí mismo que lo llevó a honrar cada oportunidad de hacer el bien.

[5] Emoto, Masaru, *Mensajes del agua*, La Liebre de Marzo, S. L., Barcelona, 2003.

Uno de los beneficios de las regresiones es el posibilitar la unión, la conexión con nuestro ser interno; cuando nos sabemos unidos con esa energía espiritual, protegidos por la imagen de divinidad que cada uno albergue en su corazón, perdemos los miedos. Además, saber que hemos enfrentado embates en otras vidas, ya sea participando en batallas, situaciones de pobreza o de inanición, nos posibilita ver las dificultades actuales con mayor fortaleza, sabiendo que si anteriormente hemos podido superar esas pruebas, estamos ahora más capacitados para enfrentar las que se nos presentan en esta vida. Como los ciclos son de evolución, cada prueba es una oportunidad para mejorar. Y si pensamos todo lo que nuestros antepasados han tenido que vivir para que nosotros estemos viviendo este presente, también veremos la infinidad de oportunidades por las que podemos crecer y estar agradecidos. Pero para eso hay que estar despiertos, alertas y listos para dar el salto de la ignorancia al conocimiento, de la competencia a la cooperación, de la individualidad a la hermandad.

A propósito de esto, quisiera compartir una poesía que escribí el 1 de enero de 2007:

Frente al mar

Mi primer pensamiento, agradecimiento
por la belleza de las nubes rosadas del cielo.
El mar, cuánta inmensidad.
El bosque... hermoso refugio perfumado.
Las montañas recordándonos las metas a alcanzar
y nuestra gran fuerza y poder de voluntad.
Las llanuras donde se siembran
los granos para poder alimentarnos.
Las colinas cuyas ondulaciones nos recuerdan
los vaivenes de la vida.
Y en el fondo del mar, otros seres y otras vidas anidan su hogar.
Y hablando de nidos, los pájaros y aves que sobrevuelan el planeta,
haciéndonos, de vez en cuando,

levantar nuestras cabezas.
Y el hombre y la mujer,
preocupados por el sostén,
a veces, se pierden del placer de agradecer,
pero tan sólo porque no pueden ver.
Están cegados por sus propias historias,
que tienen más de mil hojas.
Pero en algún momento hay que abrir los ojos
y encontrarse con la propia vida,
que es tuya y también es mía.
Y así podremos juntos conjugar los verbos pertenecer, agradecer,
proteger, cuidar y amar,
para vivir la experiencia de unidad
y dejar atrás la soledad de la exclusividad
y hermanarnos debajo de la bandera de la solidaridad.
Porque una parte de mí habita en ti,
y una parte de ti está en mí y en él y en ella.
Y cuanto más rápido nos demos cuenta
de cómo la vida de otros nos afecta,
más dispuestos estaremos a crecer,
a proteger nuestro ser y el de nuestro planeta.

Capítulo 5

Meditación, intuición y regresión

Si tú eres un legítimo buscador de la Verdad
siempre me verás.
Al instante me reconocerás.
Dios es el aliento de todos los alientos.
Kabir[6]

Con relación a estas líneas, quise que encabecen este capítulo porque, justamente, es el contacto y la concentración en nuestra respiración lo que nos va a conducir a dar los primeros pasos por el sendero que nos lleva a la percepción más sutil de nuestro ser.

La meditación es un instrumento que facilita el encuentro con la propia esencia, con esa chispa divina que mora en nosotros. El tiempo que se dedique a meditar redundará en beneficio para desarrollar la intuición y percibir la calma, que se convertirá en fuerza para realizar las actividades diarias en un estado más sereno.

He notado, con frecuencia, que las personas que meditan tienen regresiones más nítidas, más precisas. Es conveniente la práctica de

[6] Gorojovsky, Alejandro, *Plegarias de la India. Poemas, sentencias y mantras*, Javier Vergara Editor S.A., Buenos Aires, 2001.

la meditación, ya que favorece el tratamiento y ayuda a mantener el propósito de cambio que el paciente manifestó en su motivo de consulta. Por esta razón, siempre recomiendo, en el primer encuentro, la lectura y práctica del disco compacto del libro de Meditación del Dr. Brian Weiss. De todas maneras, no es un requisito excluyente, dado que hay pacientes que no meditan y tienen su experiencia de regresión con muchos detalles igualmente.

Meditar es una práctica que consiste en centrarse, focalizar la atención en un punto determinado de concentración. Hay distintos métodos de meditación. Unos consisten en la repetición de una palabra o mantra; otros prestan atención a un determinado sonido; y otros se concentran en un pensamiento sobre algunas de las virtudes del alma, como el amor, la paz, la verdad. Para otros, meditación es concentración en Dios, como lo define Paramahansa Yogananda, y este Maestro ha dejado el legado de técnicas científicas de meditación para aquellas personas que quieran emprender esta disciplina.

También la Universidad Espiritual Mundial Brahma Kumaris ofrece una variedad de cursos, talleres y seminarios con el propósito de ayudar a las personas a desarrollar plenamente sus capacidades espirituales, intelectuales y mentales. Es una organización educativa internacional, con más de ocho mil quinientos centros repartidos en más de ciento veintinueve países. En cierta ocasión, Dadi Janki, su Directora mundial, con respecto a la meditación, dijo: "Imagine cómo sería experimentar su Ser en la forma más elevada, el alma, en su estado natural y puro. Crear esa experiencia, es definitivamente posible. En realidad, esto es meditar".

Obviamente, existen otras corrientes que también pueden ser buenas, pero cuando los pacientes me preguntan sobre cómo meditar, recomiendo estas tres opciones porque son las que he experimentado personalmente.

Meditar es tomarse un tiempo para recibir, para ser receptivos de la Fuente Divina de gozo, calma, amor, sabiduría.

La meditación nos ayuda a descubrir quiénes somos en verdad. Con la práctica diaria, los velos de los distintos personajes que hemos estado actuando en esta vida –y en otras– se van desvaneciendo hasta que empieza a manifestarse, entonces, esa verdadera identidad divina que mora en todos nosotros, pero que, al mismo tiempo, es tan particular y diferente.

Tanto la meditación como la regresión nos permiten recordar que somos almas habitando un cuerpo. Estamos hechos a imagen y semejanza de Dios y lo que nos hace únicos son las distintas experiencias que hemos vivido a través de las edades. Todos tenemos distintas huellas digitales en nuestras manos, como si fueran las líneas que se dibujaron vida tras vida y formaron un diseño especial. Todos somos únicos y, por consiguiente, valiosos. Cuando nos masificamos, perdemos nuestra identidad y vivimos adaptándonos a ciertas modas del "deber ser". Me preocupan, en este sentido, las tribus de jóvenes, las que se masifican por afinidad a querer suicidarse o deprimirse, están escondiendo su temor a expresar su propio ser. Esta sensación de estar deprimidos es porque no dejan brillar la luz que mora en ellos, no es casual que se vistan de negro.

La meditación es el alimento del alma, del cual nos vamos nutriendo para ir recordando quiénes somos, de dónde venimos y hacia dónde vamos. La meditación nos ayuda a tener otra concepción de la vida, a vivirla con mayor presencia, con más conciencia; y lo más importante es que, al percibir la conexión espiritual dentro de nosotros, sabemos que no estamos solos y que contamos con una guía interna para transitar esta vida. Este sentido de unión es el que hace que perdamos los miedos.

Es curioso que la mayoría de los pacientes experimenten, en sus primeras regresiones, esta sensación de no sentirse solos, de saberse acompañados por una energía superior. Esta experiencia es muy emocionante, el sentido de recordar la filiación con esa imagen de Dios –o con aquello que consideres como conciencia superior abarcante–, ya sea como aspecto paternal o maternal, que nos ubica a todos como hijos que pedimos ayuda de esa Energía Celestial; y cuando pedimos, nos damos cuenta de que no podemos resolver solos nuestros problemas. En este acto de pedir se pone en juego el soltar nuestra imagen de omnipotencia y, al recordar nuestra identidad divina, podemos dejar nuestros ropajes de mendigos sufrientes para lucir nuestras vestiduras de luz.

Obviamente, todos tenemos nuestras luces y sombras; las regresiones iluminan ese cono de sombra, permitiendo llevar a la luz algo que estaba oculto y que se manifiesta en sufrimiento incomprensible. Este conocimiento que se devela nos brinda entendimiento, ofreciéndonos la oportunidad de usar nuestro discernimiento y libre albedrío. Podemos elegir, entonces, centrarnos en nuestros aspectos positivos y en los de los demás, para vivir de una manera más plena.

Las regresiones nos ayudan a recordar cuándo esas virtudes fueron vivenciadas anteriormente, y eso nos da sentido de pertenencia; esos dones, esas características, las hemos conquistado a través de distintas experiencias: el valor de la honestidad, la verdad, la libertad. Si somos honestos hoy, tal vez, sea porque hemos padecido que antes hemos sido ladrones, y el alma experimentó el sufrimiento y el arrepentimiento y ahora sabe que lo conveniente es ser honesto.

Las personas que cometen delitos realmente no saben lo que hacen, no tienen conciencia del daño que se provocan a ellas mismas generando ese mal karma. Si lo supieran, ni se les ocurriría accionar de esa manera. Es por esto que es muy importante ofrecer meditación en las cárceles y escuelas, para ir despertando la conciencia, el saber, la liberación que produce hacer el bien y tener actitudes de servicio con los demás, para crear buen karma, compensando, así, las posibles acciones negativas del pasado y el presente.

> *En este mundo de inquietantes cambios, los momentos de meditación de estos últimos veinte años se han convertido en la constante de mi vida. Encontré una opción para construir un refugio seguro y el mejor modo de comenzar cada día.*

Elegí este tema porque es una herramienta que facilita el proceso de la TRVP. Ambos posibilitan que estemos en un estado de concentración focalizada, nos permiten experimentar nuestra identidad divina y acceder a conocimientos espirituales.

A través de la meditación, vamos creando depósitos de calma en nuestro cuerpo y nuestra mente que estará disponible para ser utilizada en los momentos de exigencia cotidiana, contrarrestando los altos niveles de ansiedad en los que, a veces, nos vemos inmersos.

Se puede decir que la meditación es uno de los caminos que nos lleva a encontrarnos con el propio ser interno, nos permite acceder al poder de la mente inconsciente, donde quedan registradas las experiencias de vidas pasadas y la presente, nuestros *sanskaras*, las impresiones o registros de todas las acciones que hemos realizado –físicas o mentales– y la base de los rasgos de nuestra personalidad-carácter actual[7].

Cuando dejamos este mundo, lo primero que dejamos es el cuerpo; luego, los pensamientos, en cambio, a los hábitos nos los llevamos a futuras encarnaciones. Estos hábitos son los que se hacen presentes como temperamentos, talentos, capacidades, virtudes y, también, predisposiciones negativas. En cuanto al temperamento, podemos decir que es el eslabón entre las experiencias de vidas pasadas y las vivencias heredadas. Por supuesto que el entorno es también un factor muy condicionante, pero nuestra alma, al nacer, también elige las condiciones donde pueda desarrollarse. Por ejemplo, podemos entender que Mozart ejecutara tan bien el piano porque, seguramente, ya venía cultivando ese talento en sus vidas pasadas, además de que había nacido en una familia de músicos.

El secreto por el cual se establecen los cambios en la vida de los pacientes, a partir de las regresiones, tiene que ver con el momento en el cual se produce esa conexión, esa concentración de fuerza de voluntad divina que libera la expresión de las virtudes de cada ser, que habían permanecido ocultas tras los velos del sufrimiento, del

[7] George, Mike, *A la luz de la meditación*, Editorial Kier, Buenos Aires, 2006.

miedo y de la ignorancia por habernos olvidado de quiénes somos realmente. Por eso, cuando recordamos, recobramos nuestra fuerza y nuestro poder de ser auténticos.

Todos buscamos prácticamente lo mismo en esta vida: evitar sufrir, ser felices, ser amados y manifestar nuestra capacidad de amar. Lo que difiere en cada uno de nosotros son las condiciones que necesitamos para experimentar aquello que anhelamos. Existe un momento durante la regresión donde se puede experimentar ese amor incondicional, donde nos encontramos y sentimos plenos, donde el espíritu individualizado se funde con el vasto océano del espíritu supremo. Desde este estado, reconocemos nuestros dones y nos animamos a expresarlos, nos desprendemos de las culpas propias y ajenas porque reconocemos que ciertos actos fueron hechos por ignorancia o porque no llegamos a ver el mal que hacíamos o porque se trataba de situaciones de supervivencia extrema. Se experimenta el poder del perdón en nosotros mismos y finaliza la necesidad de seguir castigándonos con un determinado síntoma por aquella situación olvidada, pero que se hace sentir en el presente.

Al experimentar ese perdón en nosotros mismos (es muy interesante la palabra "perdonar" en inglés, *forgive*, pareciera que está formada por las palabras *forget*, 'olvidar', y *give*, 'dar', sería como "dar el olvido"), abrimos la puerta para encontrarnos con nuestro poder y conectarnos con la energía que Dios ha puesto en nosotros. Rompiendo las barreras de la indiferencia, volvemos a estar en sintonía con su voluntad, con la energía verdadera que nos sostiene y que se expresa por medio de la voz de nuestra conciencia, escuchamos, vemos y sentimos quiénes somos, hacia dónde vamos.

Es conveniente darse permiso, espacio, para establecer estos encuentros con la espiritualidad, y hacer de la meditación un hábito.

Cuando nos sentamos a meditar, una de las primeras cosas que debemos recordar es relajar el cuerpo y la mente, acallar los pensamientos. Luego, como estamos acostumbrados a estar en movimiento, y nuestra mente siempre está inquieta, la actitud correcta para comenzar a meditar es proponernos el momento de entrega a la calma, como se entrega un bebé a los brazos de la madre. Es nuestro derecho de hijos.

Como madre que consuela a su hijo, así yo los consolaré a ustedes...[8]

Es recomendable meditar a la mañana antes de salir a los embates del día; las horas venideras estarán guiadas por ese contacto profundo, lo cual te permitirá ir resolviendo las situaciones cotidianas de la mejor manera posible. Con la meditación, el día es realmente diferente, te ayudará a sentir que estás construyendo tu vida, en vez de dejarte llevar por las circunstancias externas. Haz la prueba y podrás comprobarlo.

Éstos son algunos de los muchos beneficios con los que la meditación nos favorece, según distintos autores y mi experiencia personal:

- Centrarnos en el presente.
- Cambiar hábitos.
- Regular la presión.
- Reducir el estrés.
- Reforzar el sistema inmunológico.
- Favorecer la capacidad de recordar.
- Posibilitar la percepción intuitiva.
- Consolidar los logros terapéuticos.
- Establecer prioridades.
- Nos conecta con lo bueno, lo bello y lo verdadero que habita en nosotros.
- Abre la mente y el corazón.
- Nos conecta con valores elevados y espirituales.
- Resuelve conflictos personales y relaciones difíciles.

[8] Isaías 66, 13.

- Ayuda al cuerpo y la mente a curarse.
- Inicia el camino de crecimiento y desarrollo espiritual.
- Cuanto más profundo sea el estado de meditación que logremos, más nos acercaremos al ser superior y a nuestra capacidad de amar.

Además, un grupo de investigadores de la Universidad de Harvard ha descubierto que ciertos tipos de meditación prolongan la vida de las personas de edad[9].

Ahora bien, estoy intuyendo tu pregunta, mientras lees esto:

¿En qué momento voy a meditar, si no tengo tiempo para nada?

La meditación puede transformarse en un nuevo hábito, como lo es cepillarse los dientes. Te puede llevar sólo cinco minutos. La práctica constante de la meditación te permitirá adiestrar a la mente para llegar a estados más profundos de conciencia. Hay una frase de Lanza del Vasto muy hermosa que dice: "*No pierdas tu tiempo ganándote la vida, gana tu tiempo, salva tu vida*"[10]. Esto no quiere decir que nos tenemos que volver unos vagos, sino que, simplemente, nos puede beneficiar que revisemos nuestras prioridades.

La ansiedad puede transformarse en un factor de distracción importante, y tanto la meditación como la regresión implican un estado de concentración focalizado. Es conveniente entregarse a ellas sin expectativas, viviendo estas prácticas como un proceso por medio del que iremos alcanzando un estado progresivo de calma.

En las regresiones, podemos redescubrir capacidades que hemos trabajado en vidas pasadas y aceptar con mayor facilidad los desafíos

[9] Weiss, Brian, *Meditación*, Ediciones B S. A., para el sello Javier Vergara Editor, Barcelona, 2003.
[10] Lanza del Vasto, *Principios y preceptos del retorno a la evidencia*, Editorial Sur, Buenos Aires, 1958.

que se nos presentan en la actualidad, confiando en nuestras capacidades para resolverlos. Desaparece el miedo, aparece la confianza y aceptamos, entonces, esas oportunidades que, a veces, sentimos que caen del cielo y, en realidad, surgen porque somos merecedores de ellas: hemos trabajado antes para disfrutar un determinado beneficio ahora.

Cada acción, cada pensamiento, deja una huella en nuestra mente (*sanskaras*). Por eso, a veces, cuando queremos realizar algo nuevo y bueno, como puede ser meditar, nuestros malos hábitos tratan de anularlos. Es importante alimentar nuestros pensamientos positivos, así como también cuidar la calidad de nuestras relaciones, ya que pueden tener más peso que la fuerza de voluntad de cambio.

La importancia de meditar antes de realizar una regresión radica en que la persona tiene un entrenamiento de su capacidad de concentración y relajación.

A veces, se piensa que meditar es desconectarse de la realidad, pero, de hecho, nos conecta con mayor intensidad con nuestro presente. Durante la meditación, tal vez, seas consciente de un conocimiento repentino o de una solución que no se te había ocurrido hasta ese momento, también puede ayudar a que se tengan sueños premonitorios. En realidad, se está más despierto, y las posibilidades para percibir tu entorno se amplían. Hace aproximadamente siete años atrás, después de una meditación especial de Navidad, de ocho horas, tuve un sueño donde aparecieron detalles de la vida de mi madre que yo desconocía por completo. Cuando lo compartí y corroboré con ella, nos emocionamos por encontrarnos con una verdad, lo cual nos permitió mejorar nuestro vínculo.

En ese estado de calma, nuestra mente se convierte en una antena de radio: a mayor serenidad, menor interferencia tendremos. Podemos sintonizar con la radio de FM *Divinidad* que transmite los trescientos sesenta y cinco días del año, durante las veinticuatro horas y que requiere de nuestra receptividad para captar su mensaje.

Es muy común que surjan millones de motivos para que nuestra atención se focalice en el exterior cuando, casualmente, queremos sentarnos cinco minutos para conectarnos con nuestro ser interior (por ejemplo, qué tengo que comprar en el supermercado, qué vencimiento tengo esta semana, qué me habrá querido decir mi jefe o mi compañero de trabajo cuando me dijo tal o cual cosa, planear las vacaciones, etc.). La mente, a veces, se asemeja a un caballo al que hay que domar y le tenemos que comunicar que nosotros llevamos las riendas, y este proceso implica paciencia y fuerza de voluntad.

Hay momentos, tanto en la meditación como en la regresión, en los que podemos estar en contacto con la fuente de sabiduría, belleza y amor, a través de la cual podemos amarnos y perdonarnos a nosotros mismos y a los demás, mejorando, así, nuestros vínculos.

Muchas personas piensan que al psicólogo van sólo los locos, pero, en realidad, acuden a la consulta aquellas personas que no pueden elaborar algún dolor, y es muy sano, entonces, buscar ayuda profesional. Cuando nos duele el cuerpo, vamos al médico. ¿Y cuando nos duele el alma? Etimológicamente, *psicología* significa 'estudio del alma'. Por lo tanto, no están locos aquellos que quieren sanar y transformar ese tipo de dolor, y si la raíz se encuentra en vidas anteriores, la TRVP es muy adecuada.

Las regresiones también son una fuente de conocimiento, porque nos permiten recordar quiénes somos. La sanación y el equilibrio verdaderos dependen de que volvamos a recuperar nuestra esencia espiritual, lo cual nos ayudará a valorar, amar y respetar nuestra existencia presente y la de los que nos rodean.

La meditación es una fuente donde podemos encontrar tranquilidad y paz, y esto sí lo necesitamos todos; nos hace más perceptivos y nos convertimos en instrumentos y hacedores de nuestros propios destinos y también podemos oficiar de agentes positivos de cambio para otras personas, cuando decimos la palabra justa o indicamos el libro o la película adecuados.

Nuestra alma, cuando se identifica con nuestro ego, se siente aprisionada por las preocupaciones y problemas, sin embargo, cuando le damos la posibilidad de conectarse con nuestro ser espiritual, en el momento de la meditación o de la regresión, sentimos una inmensa libertad; surgen, en consecuencia, soluciones impensadas para nuestro pensamiento lógico o ideas simples, como sería vivir más tranquilos, que se llevan a la práctica con mayor eficacia porque ese mensaje fue recibido por todo nuestro ser en un estado de conciencia elevado.

También, muchas veces, estamos muy identificados con nuestros roles; siempre me gustó notar la diferencia gramatical que existe con el inglés cuando las personas expresan "trabajo como", "*I work as*". En castellano, frecuentemente, se nos confunde con "ser": soy secretaria, soy dentista, soy barrendero, pero realmente ¿soy eso? Cuando confundimos nuestro rol con nuestra identidad es muy peligroso, puede causar depresión, y lo vemos en muchos hombres que, cuando pierden sus empleos o se jubilan, entran en profundas crisis depresivas. Las regresiones nos permiten diferenciar nuestro ser del personaje.

Tanto en la meditación como en las regresiones, es importante liberar la mente de las expectativas y confiar en que nos permitirán recordar algo importante para nosotros en un determinado momento. Para esto, es conveniente crear momentos de pausa, dedicar un tiempo de quietud que será el que más capitalicemos en el futuro, el que mejor tasa de interés nos dará, porque estaremos depositando en la cuenta del bienestar de nuestra alma, allí donde no hay corralitos, y nadie nos podrá robar porque sólo nosotros tenemos la llave de seguridad que abre esa caja que nos brindará confianza, guía, solaz en los momentos de adversidad. Todo puede ser muy incierto, pero nosotros podemos disponer de nuestro tiempo de meditación si nos lo proponemos.

Tenemos, entonces, una nueva herramienta para cuidar nuestra salud y liberar nuestras energías curativas. Nos pasamos muchas horas soportando los embates de la vida y respondiendo a las exigencias; estamos todo el tiempo emitiendo cheques de tensión y estrés sin hacer depósitos de calma en nuestro ser. La meditación no produce devaluación, siempre nos da buenos intereses. Es una buena inversión y sus beneficios estarán allí a nuestra disposición cada vez que lo necesitemos.

Suele decirse que meditar es como encender la luz en un cuarto que estuvo apagado. Uno también puede ejercitarse mirando el sol al amanecer o al atardecer, y cuando se cierren los ojos, esos rayos de luz estarán en las retinas, y uno puede concentrarse en ese punto y esa luz nos proporcionará el calor y la fuerza necesarios para irradiar amor y compasión hacia los demás. Se experimenta una gran sensación de integridad con nosotros mismos y con el resto de las personas y la creación. Podemos experimentar misericordia cuando, al abrir nuestros corazones, vemos nuestras miserias y las ajenas y, aun así, podemos amarnos y amar a los demás o, al menos, comprenderlos.

Brian Weiss, al igual que los maestros de la India, define la meditación como un medio para alcanzar la iluminación, porque nos permite ponernos en contacto con nuestro verdadero ser.

Busca la luz del sendero, mas buscas en vano si tú mismo no te conviertes en luz.

Rudolf Steiner
Meditaciones

Por medio de la meditación y la regresión percibimos el abrigo de esa luz inmortal, que va disolviendo las barreras que nos separan por sexo, raza, nacionalidad o religión con las cuales nos identificamos durante una existencia.

Muchos pacientes refieren que, en estado meditativo, han recordado vidas pasadas, así como también han recibido pensamientos importantes para sus vidas. La meditación nos lleva a una nueva perspectiva de las situaciones cotidianas y nos ayuda a mantener el equilibrio físico, emocional y espiritual, nos ayuda a estar más presentes en nuestras situaciones y vivencias diarias. Vivimos tan acelerados que no tenemos registro, a veces, de lo que sucede a nuestro alrededor; en ocasiones, nos permite anticiparnos a ciertos hechos negativos y salvarnos hasta de accidentes, porque escuchamos la voz de la intuición.

La meditación es una experiencia. Es un viaje de regreso a casa. ¿Alguna vez has sentido al estar de viaje, por un tiempo, una imperiosa necesidad de retornar? Y una vez que ya estabas de vuelta en casa, ¿te sentías cómodo, relajado, seguro, protegido, con sentido de pertenencia?... Ese mismo estado es lo que se experimenta durante la meditación. Es un derecho que te pertenece, está a tu entera disposición, puedes administrar este encuentro con lo más familiar de tu ser como quieras. Sin embargo, hay momentos propicios, como la mañana temprano, cuando todo está en calma, en el momento en que el sol comienza a iluminar con sus rayos, es una invitación que nos hace la naturaleza para despertar a la conciencia del ser, y cuando escuchamos este llamado y nos sintonizamos, las actividades de nuestro día estarán influenciadas por esa energía del encuentro que nos posibilitará realizar nuestras tareas con una actitud renovada, atenta y amorosa.

La TRVP, al igual que la meditación, permite tener esa experiencia de regreso a casa y recordar no sólo las experiencias de vidas pasadas, sino que lo que se recuerda es que el viaje lo hace nuestra alma a través de las edades, los siglos, y que el destino es el encuentro con esa energía divina que puede tener un aspecto paternal, maternal, amistoso, compañero, guía; y cuando se percibe al alma y se la reconoce como esencia del ser, produce gozo, encuentro, poder, en el sentido que opera una gran transformación, porque al estar vinculado con la fuente de paz, amor y verdad, los cambios que anhelamos para nuestras vidas se materializan, dado que actuamos como instrumentos de la voluntad de Dios, aceptamos esa *guía interna* que nos conduce hacia la meta, al propósito de nuestro diseño, y nadie puede dejar de ser aquello para lo cual ha sido diseñado. Si actuamos fuera de nuestro diseño, queriendo imitar a otros, nos sentimos perdidos, vacíos, confundidos.

Es aconsejable mantener una rutina de meditación para romper esa ilusión de que estamos solos. En la meditación, se produce el encuentro de nuestra alma con la fuente inagotable de *sabiduría, paz, amor, tolerancia* y, desde esa fuente, somos capaces de alimentar nuestros dones para donarlos al mundo. Una vez que desconectamos todos los teléfonos y cancelamos obligaciones innecesarias, como mirar algún programa de televisión, aunque sea por treinta minutos, y nos disponemos a estar en calma, pueden surgir las interferencias de la mente. Podemos recibir esos pensamientos y decirles que serán atendidos en otro momento. Cuando acallamos nuestras palabras, cuando silenciamos nuestros pensamientos, ¿cuál es la voz que se expresa? Es la voz de nuestra alma la que sale al encuentro y nos puede decir: "Yo soy paz, yo soy amor, yo soy gozo, yo soy un ser de luz que está en este cuerpo para cumplimentar un determinado plan que sólo yo puedo llevar a cabo".

Todos somos únicos e irrepetibles porque nadie ha experimentado la misma sucesión de vidas y aprendizajes, todos hemos tomado distintas decisiones, opciones, y hemos cosechado distintas consecuencias, distinto karma. Pero, ahora, el mundo necesita *unión*, basada en el respeto de esas diferencias, que nos llevará a experimentar la *paz* anhelada durante tanto tiempo. Ya no son necesarios los celos, las comparaciones o las envidias; nos aceptamos como somos.

Las regresiones nos enseñan, entre otras cosas, que finalmente todas las luchas que emprendemos por la adquisición de bienes materiales algún día deberán ser dejadas, y lo que nos llevamos es el fruto de las relaciones con quienes nos hemos vinculado.

Desde ese punto de ser individualizado del vasto espíritu, caracterizado por el cúmulo de experiencias vividas mediante las encarnaciones, desde allí, podemos expresar nuestra identidad única. Si ese punto se nutre de la conexión diaria con la fuente de sabiduría, de paz, de amor, podrá irradiar esas características hacia todas las áreas y roles de nuestra vida.

Es más fácil vivir según como uno es que acarrear el peso del "deber ser". La carga que implica llevar adelante una imagen es tan grande, nos agota tanto que cuando decidimos ser auténticos con nosotros mismos advertimos que tenemos mayor capacidad de hacer cosas porque, simplemente, tenemos mayor energía disponible.

La práctica de la meditación ayudará a que vayan desapareciendo los velos de personajes impostados, las imposibilidades, las debilidades, la ignorancia, para que puedas encontrarte finalmente con tu propio ser.

La meditación y la regresión permiten que tengamos la experiencia personal de ser un alma que habita un cuerpo, que reconozcamos nuestra identidad divina. Nos apropiamos de nuestro ser, con nuestras miserias y virtudes, y nos damos cuenta de que estamos transitando el camino de espiral ascendente de evolución espiritual, mientras tenemos la oportunidad de reparar vínculos y saldar deudas pendientes.

Muchas personas acuden a la consulta para conocerse mejor, para encontrarse con ellas mismas, para descubrir o confirmar vocaciones. A veces, se sienten presas de ciertos mandatos, que pueden venir de vidas pasadas: el temor a no gastar dinero, no disfrutar, no mostrar emociones, comer en exceso, entre tantas otras cosas.

En muchas oportunidades, por miedo al rechazo, al ridículo o a desentonar, escondemos nuestro verdadero ser y vivimos de acuerdo con el "deber ser" de moda, ocultando nuestras emociones auténticas. La experiencia de regresión nos ofrece que nos encontremos con la verdad acerca de quiénes somos. Es un momento de encuentro, aquello esencial que había sido olvidado es recordado, se pone al servicio del propósito actual de esta vida para que podamos expresar con más conciencia y con mayor confianza nuestras posibilidades y talentos.

La autenticidad y el ser únicos es lo que nos torna valiosos; cuando nos masificamos, parecería que da lo mismo uno u otro. En la era de lo descartable, donde todo da igual, la *diferencia* aparece como "mala palabra". A todos nos gusta lucir un diseño exclusivo de ropa, de un auto o una joya; atrevámonos, entonces, a lucir nuestro ser, ya que nadie tiene las mismas vivencias pasadas que otro y eso nos hace exclusivos, únicos y complementarios con nuestro prójimo.

Con relación a este tema de descubrir nuestro verdadero ser, me gustaría compartir las palabras de Paramahansa Yogananda:

> *Tu verdadera personalidad comienza a desarrollarse cuando eres capaz de sentir, mediante la intuición profunda, que no eres este cuerpo sólido, sino la divina corriente eterna de Vida y Conciencia que existe dentro del cuerpo*[11].

La meditación nos ayuda a desarrollar nuestra intuición; todos podemos desarrollar esa conexión, ese puente que conecta nuestra alma con nuestro ego. Si desarrollamos la intuición, tomamos mejores decisiones, y podemos mantener cierta coherencia interna, aun cuando las condiciones externas sean caóticas.

Reiteradas veces usamos nuestros sentidos y nuestro intelecto para conocer algún tipo de verdad, pero nuestro razonamiento puede estar teñido de prejuicios y preconceptos, lo que puede producir una errónea conclusión. Aquello que se percibe a través de la intuición, aunque parezca que no tiene mucho sentido, es luego comprobado por los hechos. Ocurrió con una paciente que, durante una regresión, percibió que cuando estaba en el vientre materno se sentía apretada, y no comentó nada durante la sesión por considerarlo irrelevante. Al día siguiente, le contó a su hermana mayor lo que había sentido y se sorprendió cuando escuchó el comentario de su hermana que avaló esa percepción, le comentó que su madre había usado una faja durante todo su embarazo, dato que le era totalmente desconocido.

La intuición, a veces, es desestimada por nuestra parte analítica; sin embargo, cuando la mente se encuentra en calma, surge espontáneamente como guía del alma, como un llamado interno que necesita ser escuchado. Por ejemplo, recuerdo a un paciente, Nicolás, un día, mientras manejaba su auto, percibió intuitivamente que era adopta-

[11] Paramahansa Yogananda, *La búsqueda eterna. Cómo percibir a Dios en la vida diaria. Charlas y ensayos*, 1.° ed. en español, Vol. 1, *Self Realization Fellowship*, California, 2002.

do, él ya tenía treinta y cinco años y esta revelación modificó su vida personal y familiar. Él podría haber elegido desechar esta idea, pero, al contrario, escuchó esa verdad que, aunque lo movilizó, le proporcionó mucho entendimiento.

Si cada día vamos permitiéndonos una pequeña pausa para aquietar nuestro cuerpo y silenciar nuestra mente, con el propósito de comulgar con esa calma interna, estaremos creando y cultivando el nuevo hábito de estar *calmadamente activos* para estar atentos a ese llamado interno de la intuición.

Al meditar estamos iluminando nuestra percepción interna para ir conectándonos con los mensajes de nuestra alma. Las regresiones permiten tener confianza en nuestras intuiciones; aquello que nos parece ridículo o sin sentido aparece, luego, confirmado por sucesos históricos o escenas de nuestra vida actual que eran desconocidos y que con el tiempo son validados.

La intuición se percibe sobre todo a través del corazón. En su libro *La intuición: guía del alma para tomar decisiones acertadas*, Sri Daya Mata recuerda las palabras del Maestro Paramahansa Yogananda:

> *Cada vez que algo te preocupe o trates de hallar el rumbo correcto que debes tomar, concéntrate calmadamente en el corazón. No intentes analizar el problema, tan sólo enfoca tu atención en el corazón. Permanece sereno y te invadirá súbitamente un sentimiento muy intenso, y tu intuición te señalará cuál es el paso que debes dar en ese momento. Si tu mente y tus emociones están en calma y en sintonía con la voz interior de la intuición, serás guiado en la dirección apropiada. En tu vida cotidiana hallarás a las personas adecuadas que te aportarán alguna solución a tu problema o que de algún modo te ayudarán, mediante sus consejos o, quizá, al estar en contacto con ellas encuentres el camino correcto*[12].

[12] Sri Daya Mata, *La intuición: guía del alma para tomar decisiones acertadas, Self Realization Fellowship*, California, 2005.

Es importante que mientras se va desarrollando este proceso, que no se produce de un día para otro, hagamos uso de nuestro sentido común, el equilibrio entre la razón y la intuición estará dado al pensar con nuestro corazón. La idea de que podemos pensar con nuestro corazón ya no es más una metáfora romántica.

Si hablamos de que la propuesta sería pensar con el corazón, esto supone una interacción del hemisferio izquierdo y el derecho, que se produce durante el proceso de regresión. La intuición, perteneciente a las facultades del hemisferio derecho, está presente, y la parte analítica-crítica del hemisferio izquierdo también, pero en menor proporción.

- *Hemisferio derecho:* pensamiento en imágenes, totalizador, intuitivo, sueños, creatividad.
- *Hemisferio izquierdo:* pensamiento lógico, matemático, abstracto, técnico, analítico y racional.

Tanto los hombres como las mujeres podemos contar con el sexto sentido de la intuición. Para alcanzar buenos resultados en la práctica de meditación se requiere que ésta sea paulatina y constante.

Uno de los casos que más me impresionó en relación con el poder de la intuición sucedió durante un taller que dicté en La Casa, mientras realizábamos un ejercicio para desarrollar la intuición que siempre realiza el Dr. Brian Weiss en sus *workshops* y entrenamientos. Una participante, que fue mi paciente y ya había realizado diez regresiones, pudo percibir dos escenas diferentes que correspondían a sucesos de dos vidas pasadas distintas de otra paciente a la que veía por primera vez. Todos nos quedamos muy sorprendidos por la intuición de Morena, de quien hablaré en el Capítulo 7.

La TRVP favorece el desarrollo intuitivo y la persona logra desenmascarar el origen de viejos hábitos y creencias limitantes, cambiando su posición y perspectiva frente a su momento presente. Se siente más capaz de resolver su karma porque entiende la causa de su sufrimiento y se dispone con nuevo ímpetu para modificar sus situaciones conflictivas, transformando el pesar en oportunidad de dar un puntapié inicial a un proceso de cambio progresivo, continuo y creciente.

Verbalizar una y otra vez un acontecimiento doloroso es tan nocivo como sepultarlo sin permitir que se exprese la emoción correspondiente, obligando, a veces, a nuestro cuerpo a hablar para que este sentimiento pueda expresarse. Cuando la emoción de ese episodio se libera, el cuerpo se alivia. En las regresiones, recordamos con nuestro corazón a través de la intuición. Ese recuerdo que trae la mente pasa por el corazón, convirtiéndose en un bálsamo liberador que nos acaricia el alma.

Repetidas veces, durante los talleres, los participantes me han preguntado "¿cómo sabemos cuál es la verdad?" La verdad es lo que cada uno experimenta, y si tiene un efecto de provocar una emoción profunda y si los síntomas se alivian o desparecen, ésa es la señal de que lo que se recordó es verdaderamente una vivencia de vida pasada: pasó por el corazón y dejó su efecto curativo.

Capítulo 6

Melina. La vida, una nueva oportunidad después de la muerte

¿Hay alguien que ha creído que es venturoso nacer?
Pues yo le informo que es igualmente venturoso el morir,
muero con los agonizantes,
nazco con los recién nacidos,
y no soy yo el que está entre mi sombrero
y mis zapatos.
Y examino todos los objetos, y no hay dos iguales
y así, todos son buenos, buena la tierra,
buenas las estrellas,
todo aquello que les pertenece es bueno.

No soy la tierra
ni parte de ella,
yo soy el consorte y compañero, de las personas,
y todas son tan inmortales,
tan impenetrables, como yo.
(Ellas no saben lo inmortales que son, pero yo lo sé).

Walt Whitman
(Canto a mí mismo)

Melina es una mujer de treinta y nueve años, que consultó para experimentar sus creencias espirituales. Es de familia judía. Realizó varios seminarios en un centro cabalístico; uno de ellos fue el de reencarnación, y quería tener una experiencia con las regresiones, algo que ya conocía intelectualmente.

Participó del *workshop* que dio el Dr. Brian Weiss en Mar del Plata, en enero de 2006. Estuvimos compartiendo esas experiencias, sin conocernos, por supuesto, y sin saber que al año siguiente su inquietud nos volvería a reunir con un propósito terapéutico.

Se presentó a la primera consulta muy animada y con mucha predisposición a realizar una regresión. Quería resolver algunos temas de vínculos. En su situación familiar, se sentía como la oveja negra porque era la única que había decidido no trabajar en el negocio familiar y sentía que el hermano recibía mayor colaboración y apoyo.

- En la primera consulta, siempre sugiero que se practique la respiración profunda del yoga. Exhalar, primero, tres veces para eliminar el aire desvitalizado de los pulmones. Luego, inhalar desde el diafragma, subir el aire despacio para que pase a los pulmones, al pecho, e imaginar que el aire llega hasta la cabeza. Retener el aire allí hasta que sea confortable y exhalar suavemente.

  Recomiendo realizar esta respiración diez veces; esto lleva cinco minutos aproximadamente. El beneficio que se obtiene al realizarla es el de brindar mayor capacidad respiratoria a los pulmones, durante la inhalación. En el momento de la retención, el corazón está en calma, alivianando así los temores que puedan anidar en él. En toda esta dinámica respiratoria, el cerebro recibe mejor oxigenación, y se favorecen, de este modo, todas sus funciones, incluso la memoria.

  Esta simple práctica brinda calma y relajación y, por consiguiente, nos permite tener mayor objetividad frente a las situaciones y observar desapasionadamente los problemas. Estos ejercicios se convierten, luego, en ejercicios de priorización, porque el hacerlos implica dejar de hacer otras cosas, hacer una pausa para recargar energías y conectarnos con nuestra esencia. Vivimos emitiendo *cheques* de cumplimientos, obligaciones, que nos llenan de estrés, ansiedad, nos llenamos la agenda, corremos todo el día, pero ¿cuándo hacemos un depósito de calma en nuestras vidas? Alimentamos nuestro cuerpo cuatro veces por día, aunque a nuestra alma ¿cuándo la alimentamos?, ¿cómo la nutrimos? Estos simples ejercicios nos ayudan a que entremos en contacto con nuestro ser interior.

Si alimentas tu cuerpo cuatro veces por día, prueba alimentar tu alma con calma, al menos, dos veces, una durante la mañana y otra a la noche. Fíjate cuál es tu ritmo, cuánto tardas en inhalar, cuánto en retener y cuánto en exhalar. Si no puedes meditar, fíjate, aunque sea, si puedes comenzar con estos breves ejercicios de respiración-priorización. Podemos vivir sin comer, sin tomar agua por un tiempo, pero no podemos vivir sin respirar. Y si estás en proceso de querer hacer un cambio en tu vida, tal vez, empezar por respirar pausadamente te ayude.

En este mundo donde la inseguridad y el miedo nos bombardean por todos los medios, la mayoría de las personas respiramos desde el pecho, y ésa es una respiración corta, no brinda una mayor oxigenación a las células y hace que nos agotemos rápidamente. Observa la respiración de una persona asustada: es corta, rápida. En contraposición a esto, la respiración profunda aporta calma y mayor oxigenación, por eso es muy recomendable para las personas que sufren de ataques de pánico.

En nuestro segundo encuentro, Melina me comentó que cada vez que experimentaba vivencias dolorosas, tenía la capacidad de redefinir las situaciones, transformándolas en oportunidades de crecimiento. Incluso en situaciones difíciles, como enfrentar la muerte, ella reconocía que podía experimentar la trascendencia del amor, aun más allá del fin de la existencia.

Melina se retiró de la consulta sin sospechar que, en el próximo encuentro, este comentario sería sólo un breve preámbulo de lo que reviviría, luego, en su regresión. Yo tampoco lo sospechaba.

Después de tres encuentros, acordamos el día de la regresión. Llegado el momento, durante la regresión, ella sintió que estaba muy cómoda en el vientre materno, al punto tal de no querer salir, pero percibía que su mamá estaba bien y feliz, deseando que naciera. También percibía la presencia del padre que tenía mayor calma, y sintió cómo tranquilizaba la ansiedad de la madre.

- Este momento es una buena ocasión para reconocer que percibimos nuestro entorno desde antes de nacer y desde el primer día de nacidos. Por este motivo, es importante que la madre, durante el embarazo, esté en calma, que se tome unos momentos para establecer contacto, un vínculo, con su bebé. Esa relación madre-padre-hijo, que debería abrir la puerta a la experimentación del amor incondicional, comienza a materializarse desde el vientre materno y, quizá, desde otras vidas. Pensar que los bebés no se dan cuenta de nada es erróneo... Hay que cuidarlos y brindarles el mejor de los ambientes para que puedan crecer y desarrollarse normalmente.

Después, en su primer día de nacida, Melina recuerda:

> Siento mucho amor de mi madre y la alegría de mi abuelo Osvaldo, que viste un saco marrón, y lo escucho decir que quería una nieta y que está muy contento. Mi mamá tiene un camisón rosado. Mi padre está a su lado. Me siento muy segura, estoy bien. Escucho que me nombran, mi hermano me nombra, está contento. Sin embargo, percibo que cuando yo nací, todos estaban preocupados porque viviera, ya que antes había muerto un bebé que sólo vivió dos días. En algún punto, tenían miedo de que volviera a pasar, pero nadie hablaba del tema. El que tenía mayor incertidumbre era mi hermano, él no entendía mucho.

Entonces, le pregunté si quería ir más atrás con sus recuerdos, ella accedió:

> Veo un bebé, varón, que no puede respirar muy bien y que no puede permanecer más tiempo. No puede seguir respirando,

no importa lo que suceda a su alrededor, no puede seguir respirando. Se tenía que ir, pero... ¡Esa alma volvió! ¡Soy yo!

No me pude ir, volví. Tengo la sensación de que no los podía dejar así... Siento el desconcierto de mi hermano mayor que no entendía lo que estaba sucediendo; luego, veo el sufrimiento de mi mamá y mi papá, y decidí volver, no podía dejarlos con ese sufrimiento. Volví pronto por amor a ellos.

Le pregunté si surgía algún otro recuerdo de esa escena, y cuando ella misma la dio por terminada, le sugerí visualizar un encuentro con un Ser Sabio que le iba a transmitir un mensaje importante para su vida presente, después de haber tenido esos recuerdos. Mensaje del Sabio: "Sigue tu camino, sigue hacia delante, estás haciendo las cosas bien".

Cuando nos encontramos en la siguiente sesión, le pregunté si había compartido su experiencia con la madre. Me contestó que necesitaba más tiempo y que todavía no era el momento oportuno. Tuve que controlar mi ansiedad por dos meses hasta que se concretara el encuentro de la madre con su "dos veces" hija.

Melina estaba muy atenta a que sea el momento propicio; hasta que un día su madre le dijo que quería hablar con ella y la invitó a tomar un café en un *shopping*. Cuando Melina se dirigía hacia el lugar, tomó la determinación de que ése sería el momento para contarle a su mamá la experiencia de regresión que había tenido.

Cuando llegó al lugar del encuentro y estacionó su auto, se sorprendió al ver que, al mismo tiempo, estaba estacionando su madre al lado de ella, en una playa donde había cuatro pisos enormes y, por ende, la posibilidad de que se encontraran en el estacionamiento era mínima. En ese instante, tuvo la certeza de que ése era el momento oportuno que estaba buscando hace mucho tiempo. Después de dar una vuelta por el lugar, pidieron un café. La madre empezó a hablar:

—Como ya sabés, empecé una terapia con una psicóloga. ¿Y sabés por qué voy? Porque quiero mejorar la relación con vos, hay situaciones mías que todavía no tengo resueltas. Durante varias sesiones con mi psicóloga, no encontraba el motivo por el cual teníamos una relación difícil, hasta que le conté que vos, cuando eras bebé, no querías estar en mi cama, siempre estabas más tranquila cuando te ponía en la cuna. Le conté que entre Francisco y vos hubo otro bebé que vivió dos días, y ahí ella me dijo que, tal vez, cuando naciste, yo estaba todavía con un duelo muy grande y que, de alguna manera, lo percibías, sentías mi angustia. Entonces, probablemente, no querías estar en contacto con mi tristeza y sentías más alivio al estar en tu cuna.

Mientras la madre iba pronunciando estas palabras, Melina recordaba que su mamá siempre mantuvo mucho silencio alrededor del tema del otro bebé, tanto que ni siquiera sabía dónde lo habían enterrado. El dolor era inconmensurable.

—Siempre estuve pensando en ese bebé, y ayer a la noche, después de casi cuarenta años, tuve la necesidad de preguntarle a tu padre "¿dónde está el bebé?"...

Melina, al escuchar el relato, no paraba de llorar, no podía creer la sincronicidad de los eventos, el modo en que se daban las cosas. Sólo podía alentar a su madre para que continuara con el relato, diciéndole que ella también tenía algo importante para compartir. En un determinado momento, sintió que su madre tenía que entender el porqué de su llanto emocionado, y comprendió que había llegado su turno de hablar. Finalmente, le dijo:

—¿Te acordás de ese Seminario de Vidas Pasadas que dio el Dr. Brian Weiss, por el cual fui a Mar del Plata? ¿Te acordás de que te hice leer un artículo del diario *La Nación* en el que mencionaban a una psicóloga que hace lo mismo que él en la Argentina? Bueno, yo la fui a ver y también hice una regresión con ella. En esa regresión, me di cuenta de que yo fui ese bebé que murió entre mi hermano y yo.

La madre se mostró muy sorprendida frente al comentario, entonces, Melina le contó con más detalle lo que había revivido durante su regresión:

—Primero, evoqué un momento placentero de mi infancia; después, mi nacimiento, y cuando nací, vi cómo estaban todos muy contentos.

Yo sentía eso, pero mi hermano estaba, además de contento, muy preocupado, porque temía que volviera a pasar lo mismo, que otra vez muriera, y yo traté de hacerle sentir que había venido para quedarme, que se quedara tranquilo. Yo sentía que le quería trasmitir tranquilidad, yo sentía que lo miraba a los ojos, se lo tenía que comunicar de alguna forma, no podía expresarme de otra manera, salvo con mi mirada, pero no podía precisar en qué instante y de qué manera sucedía eso.

Melina siguió contándome en sesión:

> En ese momento, mi mamá me relató que cuando el otro bebé murió, mi hermano estuvo muy deprimido. Con sólo un año y medio de edad, tuvo que ir a una psicóloga, tiraba los juguetes al inodoro, estaba muy triste y enojado. Esa psicóloga les recomendó a mis padres que, cuando me conociera, no hubiera gente en la habitación, sólo mis padres, él y yo.
>
> Mi madre me siguió contando que cuando nací, y mi hermano me vio y me quiso tener "a upa", le hizo señas de que me quería tener en brazos, entonces, lo sentaron y me pusieron sobre el regazo de él. Ahí, con lágrimas en los ojos, le dije a mi madre: "Ése, ése fue el momento en el que yo le trasmitía con mi mirada: 'quedate tranquilo que, esta vez, me quedo...'". Ella no podía creerlo, y yo tampoco.
>
> Me contó exactamente todo lo que había pasado, cosas que yo no sabía, por ejemplo, que ella no pudo ver al bebé. De repente, me di cuenta de que cuando le preguntaba algo con respecto al bebé, hablaba como si fuese yo, le decía cosas como "¿no me conociste?"; me salía así...
>
> Pensar que después de casi cuarenta años a ella le pasa esto... Hace una semana que ella buscaba el momento; yo hacía más de un mes... Ninguna sabía que la otra quería hablar y, además, sobre lo mismo... Muy loco ¿no? Te juro que fue una experiencia... increíble, no paro de agradecer esto; y, sobre todo, a vos, por eso te quería contar, no me aguantaba, quería venir a

contarte, me pareció increíble cómo se dio la conversación con mi mamá. De a poco, puedo ir entendiendo tantas cosas... Fue muy linda la charla, y productiva.

Mientras releo este caso, recuerdo las palabras de Moira Lowe, presidenta de Brahma Kumaris de Argentina, en ocasión de ofrecer una charla en Vicente López, el 29 de diciembre de 2008:

> *Es crucial saber quiénes somos, y cuando lo sabemos, logramos estabilidad y para ello es importante desarrollar la conciencia del ser. La realidad que importa es mi relación con el todo, con los otros, con la naturaleza. Todo existe dentro del marco de la relación conmigo, con Dios, con la materia. El marco de mi expresión es relación. Nuestra existencia tiene un propósito y es el de relacionarnos...*

A partir de esta regresión, se pudo desarticular un conflicto entre madre e hija que tenía un origen insospechado para ambas. El vínculo entre ellas mejoró gracias a esta experiencia que aportó gran comprensión a la relación. Ese llanto de bebé, que tanto le preocupaba a la mamá, era, en realidad, la única manera que tenía Melina de pedir que la reconocieran. Para ambas fue un nuevo encuentro. Melina fue consciente de que volvió a elegir a su madre por segunda vez, no podía dejarla con ese dolor, y la madre supo que aquel ser que había pensado que estaba perdido, que le seguía quitando el sueño después de casi cuarenta años, en verdad, estaba más cerca de lo que hubiera imaginado, habiendo ya retornado a su regazo.

Capítulo 7
Morena. La transformación por el amor y la calma

Uno de los motivos de consulta de Morena fue el de poder concretar un divorcio, después de muchos años de matrimonio insatisfecho y conflictivo. Quería saber qué tenía que aprender de esa relación y qué situación kármica anterior había quedado inconclusa o no bien resuelta, para estar enfrentando esa instancia tan difícil. Tenía claro que la decisión de separación era inminente, pero le faltaba fuerza para llevarla a cabo. Fueron muchos años de tener una actitud sumisa. Al mismo tiempo, quería ser muy cuidadosa de no herir la buena relación que sus hijos tenían con el padre. Como muchas mujeres, aún sufriendo situaciones hostiles con el marido, intentaba recomponer la imagen de su esposo frente a sus hijos.

Después de tener las entrevistas previas, decidimos comenzar con las sesiones de regresión. Durante la evocación del período de la infancia, Morena comenzó a relatar e iniciamos el diálogo:

—Estoy sonriente, sentada frente a un piano de juguete, mientras mamá y mi abuelo paterno me observan, yo me río y me hago la graciosa con mis rulos de color oscuro. Tengo tres o cuatro años.

—¿Podemos ir más atrás de estos recuerdos, tal vez, al momento de tu nacimiento?...

—Veo todo oscuro, sin imágenes, en un silencio profundo. Tengo la sensación de dolor de cabeza. Veo a mi mamá sonriente, bien peinada, con camisón rosa; mi hermano con pantalón corto de color gris y chaleco sin mangas amarillo, sentado en la cama. La sala es blanca. Yo estoy envuelta en una manta, en brazos de mamá. Escucho que mi papá me dice que soy un mono, por lo peluda, pero está contento, tiene traje gris clarito, corbata y zapatos marrones. Está tan joven... Estoy en brazos de mi madre... Escucho que me dice: "Sé feliz".

—¿Podemos ir aún más atrás de esta imagen?

—Veo el salón de una casa elegante con gente bailando. Hay un piano de cola y música, es una fiesta, pero no sé que celebramos. Soy una mujer rubia de unos treinta años, con vestido largo, peinado recogido con abanico. Me parece que soy la dueña de casa, saludo sonriente a la gente, me encanta que esté todo decorado estilo Luis XV. Tengo un vestido apretado, pollera muy amplia, estoy parada y hablo con la gente porque soy la anfitriona. Vivo allí. Hay movimiento. Alguien está tocando el piano, en realidad, es un clave, mientras otros bailan al ritmo del vals. ¡Ah! Ezequiel es el que toca el piano. —Su actual director de coro—. Yo lo invité a que venga a tocar.

Estoy muy feliz, pero estoy sola parada al lado del clave, estoy mirando a todos, aunque no hay nadie cerca de mí, es como si no hubiera familiaridad entre la gente que está ahí reunida. Después, pasamos a tomar el té y hacemos una tertulia, hay muchas jovencitas que están conmigo sentadas en el *living*. Estamos en Europa, escucho que hablan francés. Es una reunión en la que casi todas las mujeres tienen edades diferentes. Tienen ropas brillantes de colores vívidos, fuertes: fucsia, dorado, azul, verdes intensos. Me veo ofreciendo comida, sonrisas, estoy recibiendo a todos alegremente. De repente, me viene el siguiente pensamiento: "Estás haciendo lo que tienes que hacer. Sé generosa, tu casa es la casa de todos".

—¿Hay algo más que recuerdes de esta escena?

—Estoy en un lugar muy diferente. Veo un barco en el mar. Estoy descalzo, tengo un pantalón raído, con tiradores y una camiseta celeste, gorra azul.

—¿El barco tiene alguna bandera?

—No veo ninguna. Parezco mayor, pero soy joven, tengo barba, trabajo, colaboro con la limpieza. Tengo una soga en la mano y ayudo a levantar el ancla. Llueve, no me da miedo, me da frío; me gusta estar ahí, tengo compañeros. Hay un capitán, está vestido con pantalón clarito, chaqueta azul con botones dorados, tiene el cabello atado, tiene charreteras doradas y da órdenes, levanta los brazos y el dedo índice, tiene cara redonda, ojos oscuros... Es la mirada de Guillermo. —Su ex marido en esta vida—. No me gusta la expresión de esos ojos. Él grita, no sabe hacia dónde se dirige, estamos en el medio del mar. Yo tengo que hacer lo que él me dice. Soy un marinero de los más rasos y estoy trabajando por la comida. Estoy en el medio del mar, pero el mar no me produce miedo. Percibo la mirada del capitán. Hay tormenta fuerte y tenemos que trabajar en la cubierta. Hay corridas, un ritmo frenético; hay órdenes de qué hacer, todo el tiempo, con las velas, las levantamos, las bajamos, el barco se sacude bastante. Me patino, estoy descalzo, hay mucha actividad. Estoy muy cansado y con mucho frío... Tuve que aceptar las órdenes y la locura del maltrato para poder comer; si yo desobedecía, no podía comer. En esa vida aprendí a ser paciente. Tuve que ejercitar la paciencia para salvar mi vida...

En la siguiente sesión, Morena manifestó que la paciencia, justamente, no era algo que le resultara muy fácil, pero entendía que sería muy apropiado incorporar esa cualidad en su vida presente. Comenzamos, luego, la segunda regresión:

—Me veo vestida de soldado y... ¿tengo una especie de cañón en la mano? —Se extraña—. Tengo un uniforme azul, pelo oscuro, estoy de rodillas sobre la tierra, es un campo donde hay mucha gente vestida como yo y hay una bandera norteamericana, se escuchan explosiones, hay un olor fuerte a pólvora y estoy peleando contra indios.

—¿Puedes ver a las personas que están a tu lado?

—Sí, pero no veo sus rostros. Todo es muy caótico, llevo algo muy pesado, es como un cañón, pero no tiene rueditas, es como si lo llevara debajo del brazo. No me gusta estar ahí. Me gustaría estar en mi casa con los caballos, el campo. Soy joven. Tengo que estar ahí. Estoy vestido de soldado, supongo que me alistaron, yo no quiero estar ahí. Hay sensación de caos, pero es estático. A la vez, veo que hay gente que avanza hacia donde yo estoy, aunque no terminan de llegar, indios de piel oscura montados a caballo. No me gusta estar ahí. Me surge la palabra "obediencia"; tenía que ser obediente y estar. Me duelen las piernas.

Dejamos esa escena para pasar hacia unos años más adelante, en esa misma vida.

—¿Cómo te ves unos quince años más adelante?

Soy un señor con bigotes grandes. Estoy en una casa grande con una mujer y hay jóvenes, no sé si algunos son mis hijos. Estamos sentados a la mesa, es una comida importante. Estoy en la cabecera, tengo la mano derecha extendida y se la doy a una mujer, y es una mesa muy grande. Hay una jarra de cristal y mucha vajilla. Soy rico. La casa es muy grande. Aparece esa mujer nuevamente: es Sofía. —Su hija actual—. ¡Ah, Sofía! Son sus ojitos. La quiero mucho, es una mujer joven. Tiene un vestido violeta y un sombrero grande. Es rubia y tiene la sonrisa de Sofía. Me mira y se sonríe con mucho cariño y dulzura. Me llama papá. Soy el padre, la sostengo fuerte de la mano. Le digo que la quiero mucho. Ella me dice que se va a casar. Por eso estamos reunidos. Ella me pide permiso y yo me pongo contento. La veo feliz. Se llama Karen. Él John. Veo miradas, no escucho palabras. Tengo un pañuelo bordó en el cuello y un saco bordó, estoy sentado. Es el año 1818. Se va a casar en el verano. Hay como diez personas más sentadas, pero no puedo distinguir quiénes son. Hay un joven sentado al lado de mi hija.

—¿Puedes ver sus ojos?

—Sí, son los ojos de Federico —un ex novio de la hija—; la forma de reírse de Federico, los dientes grandes, blancos.

—¿Hay algo más de ese momento que puedas recordar?

—No.

—Vayamos entonces, al momento final de esa vida. Vas observando la escena tranquilamente, ¿qué percibes?

—Me veo con pelo y bigote blanco. Es muy llamativo: tengo mucho cabello. El bigote es importante. Estoy tranquilo, con camisón blanco y hay una mujer a mi lado. Es una mujer mayor, de cabello blanco, me mira. Me dice que me quede tranquilo. Me acaricia la mano. Me sobrevienen escenas de la guerra, el regreso a la casa, a esa misma casa, me caso, formo una familia y tengo varios hijos. Me veo trabajando detrás de un escritorio, haciendo cuentas, administrando papeles, libros, administrando un campo, trabajo contable.

—¿Hay algo que te haya quedado pendiente en esa vida?

—Siento que me queda pendiente el pedir perdón por cosas que hice y que no quería hacer, y tuve que hacerlas y después seguí como si no hubiera pasado nada. En realidad, tendría que haberme arrepentido y no fue así. Fue como dar vuelta la página y hacer de cuenta que no había pasado nada. Me veo con una actitud arrogante.

Al mismo tiempo, se veía como observadora de sí misma en esa escena y manifestó lo siguiente:

— Él no tiene conciencia de eso, no se arrepiente, es como si lo hubiera borrado. Está tranquilo, pero siente que tendría que estar de otra manera. Aunque no lo está. Me tendría que haber arrepentido. No estoy sola, no soy la misma. Ya no soy ese hombre. Me veo con mi rostro. Alguien me dice: "Eres buena".

—Veo seres con una vestimenta blanca, sus caras son de jóvenes, parecidos entre ellos, caras infantiles, redondas, con sonrisas. Me están reconfortando de la vida anterior. Siento como una expresión de consuelo, un abrazo, una caricia en el hombro. Estás bien. Está todo bien. No te tortures, es lo que tenías que hacer; era lo que tenías que hacer para vivir. Obedecer para vivir, ser paciente para vivir. Matar para vivir. ¡Qué absurdo!

—¿Qué aprendizaje te llevaste a tu alma de esta vida?

—Aprendí el valor de la vida y que uno tiene que ser indulgente con uno mismo y no castigarse, aun en una situación tan extrema como esa. Aprendí a ser generosa con la gente que estaba cerca. Trabajé para que todos estén bien. Fui un buen padre, un buen compañero, un poco autoritario, pero eso lo veo desde el lugar de la época. Era la voz del hombre de la casa, me tenía que hacer respetar, sin arbitrariedades. Sufrí, sufrí más desde el alma que en el cuerpo. Tengo el registro del dolor que me producía hacer mal a otros. Yo salí ileso a costa de la muerte de otros.

Se despidió de esta regresión, y volvió al jardín para ir al encuentro con el Sabio humilde y amoroso: percibió un abrazo, mientras el Sabio le decía que ya no era necesario que usara la arrogancia para tapar el dolor.

En nuestro posterior encuentro, manifestó que entendía el porqué de su repulsión a las situaciones de violencia. Luego, comenzamos una nueva regresión.

> Veo una india sentada con las piernas cruzadas, tiene pelo negro, está en posición de yoga, las manos sobre las rodillas y las piernas cruzadas. Mi ropa es de color marrón claro, mis manos son rústicas. Es de día, estoy al aire libre, tengo una vincha, soy una india. Tengo piel oscura y estoy sentada, hay una carpa cerca, no veo a nadie. Estoy muy quieta. Parecería que no estoy haciendo nada. Respiro, me siento relajada, tengo los ojos cerrados, estoy como suspendida, en estado de meditación. Tengo los rasgos de mi rostro muy relajados. Me quedé sola, se fueron todos. Me quedé sola, pero no estoy triste. Me vuelven las imágenes de la vez pasada, como la del soldado y el campo de batalla. La india le pregunta al soldado: "¿Por qué tuvieron que morirse? ¿Me pregunto

cómo es que estoy tan calma si estoy sola?". Acepto el momento con resignación. Me quedé sola y no estoy enojada. Ni siquiera lloro, lo acepto.

Vuelve la imagen donde me veo sentada con la columna derecha y en paz. No entiendo cómo puedo estar tan tranquila. Si alguien puede aceptar la muerte y la pérdida de la gente que quiere, debe aceptarlo con resignación, uno tiene que aceptar todo y resignarse sin enfrentarse. ¡Es terrible! La india sigue muy tranquila. Soy yo la que me enojo.

Le sugerí que fuéramos al último día de esa vida, que observara lo que sucedía como espectadora, que observara "desde arriba" lo que sucedía.

—Sigo sola. Me preparo algo de comer, hay un fogón, estoy revolviendo un cacharro, preparando una sopa, algo de carne. Soy muy viejita y me acuesto sobre un costado, me quedo acurrucada. Floto por arriba de mi cuerpo. Floto. Ahí sí, veo qué sucedió anteriormente. Veo muchos chiquitos, gente de una aldea, y me parece que soy la mamá de muchos de esos pequeños. Veo hombres con lanzas a caballo, se llevan a esos chicos. Veo mucha tierra y me quedo sola.

—¿Qué aprendizaje sientes que te dejó esta experiencia?

—Yo tenía que cuidarlos, pero no se qué pasó que no los cuidé bien, no los supe cuidar. Se llevaron a los niños y yo me quedé paralizada y no pude hacer nada, no pude hacer nada. No pude defenderlos porque estaba muerta de miedo y no los pude proteger. Yo sentía que me había quedado a cargo de esos niños. Otros indios se los llevaron, tenían lanzas y mi actitud fue de una… "pasividad", no es la palabra correcta, sino "parálisis". No pude hacer nada y por eso me quedo sola.

La invité a que regresara al jardín, donde se encontraba el Sabio. Allí recibió el siguiente mensaje: "Es importante que te perdones por esa situación. No podías hacer otra cosa y lo que hiciste después fue rezar. Eso es lo que tienes que hacer ahora. Entregarte a Dios porque vas a sentir paz si te entregas".

Morena, cuando escuchó este mensaje, percibió un conflicto interno. Sintió que si se entregaba, era como si dejara de hacer las cosas que tenía que hacer. Y en la vida hay que resolver...

Finalmente, el Ser Sabio, humilde y de mirada llena de amor incondicional, le dijo: "Es importante que confíes en Dios, que tengas fe; te sugiero que ores, sobre todo, cuando estés angustiada y, por favor, no desesperes. El tiempo no importa". "¿Y qué es lo que importa, entonces?", preguntó Morena. "Lo que importa es la Paz. Vas a sentir paz cuando vuelvas a tener fe y confíes en que lo que pase va a ser bueno para ti". El Sabio le dio un abrazo y percibió su calor en el corazón. Se sentía muy protegida y con mucha paz y bienestar. El rostro de Morena se había vuelto muy luminoso. Era otra persona, diferente de la que había llegado a la consulta.

En la siguiente sesión, ella manifestó que estaba descubriendo una conexión diferente con Dios a partir de su visión de la india, que estuvo pensando en ella durante toda la semana. Y rezaba con sus propias palabras. Estaba un poco alejada de este tipo de comunicación, había recibido una educación religiosa que, lamentablemente, dejó una mala predisposición en ella. Empezamos, luego, con la regresión y, rápidamente, comenzó a percibir imágenes.

—Veo a un hombre. Está parado mirándome. Es Guillermo. Tiene una ropa antigua, un pantalón debajo de la rodilla de color claro, zapatos puntiagudos, camisa con volados en el cuello y los puños; tiene una sonrisa, pero con sarcasmo, y las manos al costado del cuerpo. No me gusta esa actitud desafiante. Es de día. Estamos en un lugar abierto. Veo un acantilado, piedras, y detrás está el mar. Escucho el ruido del mar. Me parece que es la misma situación del barco, la ropa es similar. Ahora estamos en tierra, hay viento y es un día de sol. Yo todavía no puedo verme. Me parece que soy la misma persona que estaba en el barco. No tengo uniforme. Guillermo está parado en el borde de un acantilado, tiene una actitud desafiante, pero, al mismo tiempo, es como si estuviera en una situación límite, en el borde. Si yo quisiera, podría empujarlo. Me desafía diciéndome: "A que no te animas"...

—Ahora me veo, otra vez en el barco, vestido pobremente, físicamente muy desmejorado, delgado, pobre. Detrás de mí, hay mucha gente, y yo estoy delante de esa gente y no los dejo avanzar, están muy enojados, parece que quisieran abalanzarse contra Guillermo. Yo les digo que conserven la calma, que así no se resuelven las cosas. A la vez, lo veo a Guillermo y me cuesta comprender cómo él no tiene miedo de esa situación, pareciera que no le importara, como si su actitud de soberbia cubriera el hecho de que tuviese miedo; yo tengo muchas ganas de empujarlo, pero no lo hago. Le tengo mucha bronca, me maltrató mucho, era muy déspota, siempre pedía las cosas de mala manera. No trataba bien a la gente, ni a mí ni a nadie. La verdad es que le tengo un odio terrible. Si quisiera, lo empujo, aunque no lo hago, no puedo terminar de acercarme. Hay algo que me impide llegar. La gente me insiste para que lo empuje. Yo intento, pero no llego, hay una barrera invisible, no llego. Esta situación se prolonga, estamos un buen rato allí. Finalmente, desisto y me voy. Me voy con bronca, con la misma bronca que tengo ahora porque no puedo dejar que salga mi furia.

—¿Qué sucede luego?

—Le perdoné la vida y se lo estoy contando a alguien. Estoy en un bar, me veo más repuesto físicamente, gané algunos kilos, y estoy contando el episodio en una mesa de un bar. Le cuento que podría haber terminado con su vida y que no lo hice, y si lo hubiera hecho, me hubiera arrepentido, porque nadie es dueño de la vida de otro. Ese pensamiento era la barrera invisible que me impedía empujarlo. Era una justicia divina que me estaba protegiendo a mí de cometer algo de lo cual me hubiera arrepentido después. Me escucho diciendo: "La vida tiene un valor tan enorme que nadie se la puede quitar a otro ser". Estoy tranquilo por la decisión tomada. Actué de manera noble. El capitán después se sintió pésimo, desvalorizado, porque le perdonaron la vida. Él no pudo defender su vida, se la tuvieron que perdonar, y al perder el poder, perdió el respeto por sí mismo, porque su fuerza era el mando y, justamente, por perder eso perdió su propia valorización. Ahora entiendo por qué me descalificaba tanto, porque de esa manera él encontraba un poder.

Cuando Morena se encontró con el Sabio, recibió este mensaje: "Has aprendido el valor de la compasión. Puedes sonreír. Te has entregado a una sabiduría superior, como lo hizo la india. Para *perdonar*, es necesario que olvides. Para *ser* vos misma, es importante que seas veraz. Para que tengas *entrega* a esa sabiduría, es indispensable que tengas fe. El *amor* es comprender lo que le pasa al otro".

Morena se retiró de la consulta con una expresión en el rostro que denotaba mucha paz. En nuestro siguiente encuentro, me comentó que se sorprendía por la situación de independencia con la que estaba llevando adelante su divorcio y por el perdón que estaba operando en ella. Se estaba dando cuenta de que podía estar más calma y sin tanta ansiedad por resolver todo en cierto momento. Podía esperar los tiempos. La paciencia no era justamente una de sus virtudes más desarrolladas, pero advertía que, en los tiempos de tormenta que le tocaba atravesar, podía tomar decisiones acertadas, inspiradas en su calma.

Haber visto ciertas acciones, ciertos comportamientos, durante el momento de la regresión, hizo que incorporara nuevos hábitos de una manera muy clara; al decir de ella misma: "... Estaban tan en frente de las narices, que era imposible no verlos". El cambio está delante de los ojos, como si los surcos mentales dispuestos al cambio estuvieran más flexibles para incorporarlo.

Decidimos seguir adelante con las sesiones de regresión. Le estaban aportando una serenidad irreconocible, y la gente la notaba diferente. Su intuición se agudizaba y quería seguir avanzando. En la sesión siguiente, manifestó:

> Veo la imagen de una mujer de piel oscura, cabello oscuro y largo, tiene una piedra azul en la frente. Está descalza, con una tela que le envuelve el cuerpo y la cabeza. Es un sari naranja (prenda principal de las mujeres de la India). Habla. Hay gente que está escuchando, se agacha como si fuera a acariciar a alguien y tiene una actitud de mucha paz. Está en la calle, en un lugar abierto. La veo, pero no la oigo; veo su gesto como si fuera alguien que está transmitiendo un mensaje que ayuda a

los demás. Tiene una actitud de bondad y entrega, y acaricia a un niño pequeño, se agacha para hablarle, aunque no escucho lo que dice. Sus manos son grandes y de piel oscura, tiene ojos rasgados oscuros.

La ropa y el rostro me indican que es la India, no tengo dudas al respecto. El cielo es azul muy claro, es de día. Está con las manos en actitud de un típico saludo hindú, ella camina, hay mucha gente, pero ella camina tranquilamente, le abren paso. La gente tiene un modo de respeto, ella camina. Algunas personas se agachan como si fuera una santa o una persona muy venerada, una Maestra; es joven, está sonriente.

Diez años más tarde, esta mujer aparece sentada y hay mucha gente alrededor, y la estoy escuchando, es como una gran sala sin muebles. Es un espacio grande con columnas y abierto. Ella tiene un sari blanco, sigue con su piedra azul en la frente. La gente está sentada en ronda alrededor de ella. Me hace acordar mucho a la india, es la misma postura. Esta mujer caminó mucho y fue por muchos lugares; está contando su recorrido; de a ratos, se queda estática, callada, y se produce un enorme silencio. Ella tiene la capacidad de curar. Por eso extendía las manos, para curar. Creo que soy ella. Sí, sí, son mis ojos. Siente mucha paz cuando está en silencio y cuando está curando. Ella es un canal. Tiene una profunda fe en Dios.

Le sugerí que fuéramos al último momento de esa vida... Y relató:

Siento que estoy abandonando el cuerpo. Hay discípulos, mujeres y hombres alrededor de mí. Me estoy despidiendo, los tomo de la mano, y les digo con una sonrisa: "Entréguense, recen". Ella está en paz y toda la gente que está alrededor está muy en paz; no hay ninguna mirada de sufrimiento, y ella percibe el amor de la gente que está allí.

—¿Les dice algo más?

—Es como si no hicieran falta las palabras. Todo lo transmite con su presencia.

Mientras Morena concluía la regresión, al volver nuevamente al jardín, el Sabio le transmite su mensaje: "Es importante ocuparse de lo que el otro necesita. Es más importante escuchar que hablar".

Durante la siguiente regresión que tuvimos, Morena sintió que estaba en una época anterior a Cristo:

—Me estoy bañando en una fuente y hay un montón de mujeres alrededor. Yo soy una mujer que tiene poder; me doy cuenta de eso, porque veo que las mujeres que se encuentran ahí están a mi servicio y me complacen, están vestidas con túnicas, con ropa grecorromana. Hay columnas, fuentes con ruido de agua. Un ambiente de risas y alegría. Sin embargo, siento que no uso el poder ni la autoridad; las otras mujeres son mis súbditas, pero no lo parecen. Hay un ambiente armónico de risa y alegría. Yo genero ese ambiente. Siento el agua... Hay mucho movimiento de gente allí. Percibo un perfume dulce de flores y me pasan jabón y crema; otra persona me peina, tengo el cabello largo, castaño, soy joven, tengo veinte años. Soy la hija de un jerarca, un rey. Es un lugar lujoso con mármol. Después del baño, me pongo una túnica blanca y dorada, flores en el cabello. Es una ceremonia de casamiento. Soy delgada y muy linda, tengo ojos verdes grandes. Lo que más me llama la atención es la sonrisa. Estoy siempre sonriendo. Reconozco a Simón (un amigo de esta vida), está ahí, es mi hermano menor. Veo sus ojos de asombro, está jugando con alguien y me mira con devoción. Hay mucha gente, está por comenzar la ceremonia. Estamos en un patio grande al aire libre. Es la puesta del sol, hay música de cítaras muy suave, muy dulce y armónica. Estoy caminando y se acerca mucha gente para saludarme. Veo a un hombre joven y muy sonriente. Parece una ceremonia sin nadie que la oficie. No es una ceremonia religiosa. Es una fiesta. El joven es hermoso, de cabellos rubios, sonrisa dulce, es muy alto. No tiene vello en su cuerpo, es lampiño. Está vestido con una túnica corta blanca y una franja desde el hombro, y se le ve el torso. Me viene a buscar para bailar. No es un casamiento, es una fiesta.

—¿Cómo sigue esa vida unos diez años más adelante o, tal vez, más?

—Al ser una mujer mayor veo que tuve que pasar situaciones tristes. Me tuve que hacer cargo de situaciones que me dieron mucho dolor. Heredé un lugar de poder, que me obligó a tomar decisiones sobre la vida y la muerte de la gente. Ya no tengo más esa sonrisa. Tengo un rostro endurecido, estoy vestida de oscuro y tengo el ceño fruncido y las manos y los puños cerrados, y estoy sola. Es la antítesis de la primera escena.

—¿Qué aprendiste en esa vida?

—No hay que perder la alegría. No hay que hacerse cargo de las cosas que uno no quiere hacerse cargo, porque es tomar responsabilidades que uno no está preparado para resolver o no le corresponden, y que estar solo es producto de las decisiones que uno ha tomado equivocadamente. Hacer cosas en contra de lo que uno quiere hacer nos aleja de las personas, te vas quedando solo, "te seca" y te pone en un lugar oscuro. Siento que esto transcurrió en la zona de la Mesopotamia.

Era el momento de volver al jardín para ir al encuentro con el Sabio. El Sabio le dice: "No dejes el amor. Elige el amor".

Cuando terminamos con esta sesión, Morena me comentó que las imágenes fueron muy claras, que era más lo que veía de lo que podía hablar.

> En esa vida elegí el deber, la obligación. ¡Qué gran contradicción entre la joven y esa mujer del final! Ese hubiera sido mi fin, en esta vida, si hubiera seguido el mandato de sometimiento al deber de mi padre y hubiera seguido trabajando con él.

En todo este proceso, la situación del divorcio se estaba demorando más de lo que Morena hubiera deseado y había intervenciones un tanto hostiles de su ex marido. Sin embargo, ella pudo mantener la calma para no reaccionar y pudo accionar según su conveniencia y la de sus hijos, tuvo la paciencia de esperar los tiempos necesarios.

Era muy sorprendente para ella descubrirse enfrentando estas situaciones sin generar síntomas en su cuerpo –ya que solía vivir con gastritis intensas– con esa actitud de serenidad que surgía naturalmente y le brindaba seguridad, no sólo durante la tramitación de su divorcio, sino también cuando debió enfrentar la enfermedad de cáncer de su hermana.

Finalmente, el divorcio se concretó e implicó la venta de su casa. Morena tenía poco tiempo para buscar otra vivienda. Un día de lluvia, antes de ir a la inmobiliaria, se acordó del mensaje que le había dado el Sabio al finalizar una de sus regresiones: "Recurre a la oración, sobre todo, en los momentos que te encuentres angustiada". Se tomó un tiempo para meditar y pedir guía antes de salir. Ese mismo día, a sólo dos semanas de haber comenzado su búsqueda, encontró la casa donde está viviendo actualmente. La tramitación fue rápida, sin obstáculos ni complicaciones. Sabía que estaba viviendo un milagro y que estaba recuperando la confianza en la conexión con su ser espiritual.

El vínculo con su ex marido fue mejorando; Morena logró desprenderse de los viejos rencores y pudo sentirse libre por practicar el perdón hacia quien la había agredido. Sin necesidad de buscar venganza, experimentó el alivio que da el perdón. La enfermedad de su hermana se fue resolviendo favorablemente y Morena pudo ayudarla desde su compañía amorosa.

Casi dos años después de la regresión donde se vio como una india que estaba en posición de meditación, realizó un viaje al norte de la Argentina, a la provincia de Salta, para realizar una peregrinación a la Virgen. Allí sintió la fuerte necesidad de agradecer. Durante la sesión siguiente a ese viaje, Morena comentó:

> Cuando llegué a Pucará de Tilcara estuve en la cima de uno de los cerros, sentí algo muy especial en ese lugar. Reconocí que estuve anteriormente en un sitio muy similar, como si la india de la primera regresión hubiera estado ahí. Se me caían las lágrimas al sentir esa naturaleza tan primitiva, que me brindaba

sentido de pertenencia, integración, unidad. Sentí con claridad que había crecido, me mantuve calma, pude apreciar y valorar la importancia del silencio, donde encuentro mi refugio. ¡Pensar que yo hablaba tan fuerte! Ahora entiendo que la actitud de entrega es lo que me permite estar conectada con mi esencia.

Cuando se cumplieron dos años exactos del comienzo del tratamiento de Morena, realizamos la última regresión que comparto con ustedes:

—Apareció una nena vestida de rosa, de carita redonda muy sonriente, era rubia, tenía bucles. Miraba a los costados, a un lado y a otro, y se reía. Va de la mano del papá y la mamá, no alcanzo a verlos con claridad. Ahora la nena está hamacándose, juega. Tiene tres años. Es un día de verano tibio, veo flores, pájaros, está en un lugar con mucho verde, me parece que es un parque. El papá es delgado, tiene sombrero y bigotes, lleva un traje gris y zapatos con cordones; la mamá es joven, lleva un sombrero que deja ver sus cabellos castaños, tiene un vestido largo, celeste floreado, ajustado en la cintura y con vuelo, sus zapatos son blancos. Hamacan a la niña, la llaman Julieta. Se siente mucho perfume de flores.

—¿Qué sucede en la vida de esa nena unos quince años después?

—Ella está tocando el piano, disfruta, hay alguien cerca que está cantando. Hay grupos de jóvenes reunidos alrededor de ese piano. Está vestida de terciopelo azul. Tiene perlas, ella es muy blanca, su vestido es ajustado al cuerpo, con mucho vuelo. Es todo muy estético. Es una casa grande, con escalera de mármol, ambientes muy grandes, sillas de pana colorada, candelabros, los varones visten con camisa blanca y están reunidos haciendo música. Hay un clima muy libre, muy fresco, alegre. Es como una escena atemporal, no la puedo situar temporalmente, es un momento. Hay vestidos de época, es un ambiente libre. Se percibe clima de fiesta y felicidad. Sería a principios del siglo pasado. Es un encuentro habitual donde cada uno de los presentes está haciendo algo que le gusta. Hay un violonchelo, un flautista, gente que canta... Es un momento musical: lo que reúne a esas personas es el placer por la música. Siento el perfume de una flor, no sé qué flor, es un perfume dulce, pero no se qué es. ¡Ah, me encanta ese perfume! Todos están contentos, es un momento muy agradable. Es una flor violeta, creo que es una orquídea. Alguien trae una orquídea en una caja transparente, es un joven vestido de azul. Soy una incógnita, me dice. No le veo la cara, tiene un antifaz, como las máscaras venecianas, será porque no quiere que lo vean... No será el momento. Me pongo la orquídea en el lado izquierdo, la huelo y sigo tocando el piano. El muchacho del antifaz desaparece. No le puedo ver los ojos.

—¿Sucede algo más?

—Me dice que no me apure, y yo me quedo sentada.

—Vayamos todavía más adelante en esa vida, ¿cómo te ves?

—Veo un uniforme blanco, una enfermera de unos treinta años con una cofia cuadrada, un delantal con almidón y una cruz roja en el pecho. Está trabajando en un hospital de puertas grandes, bastante oscuro, hay camillas con rueditas que hacen ruido y hay mucha gente, bastante actividad. Se siente olor a limpio, a desinfectantes. Está trabajando en un hospital, atiende enfermos, lleva remedios, la reclaman de distintos lugares y va corriendo. La llaman "señorita" y está siempre con una sonrisa, muy atenta al pedido de lo que necesitan, es muy eficaz. Sé que es en Europa, pero no sé dónde. Parece una casa muy grande. No es un hospital de emergencias. Es un lugar de reposo, no hay enfermos accidentados, sino más bien pacientes con problemas de ánimo; ella acompaña y asiste a personas enfermas del alma. Descubrió que ésa era su vocación. Es feliz haciendo esto. Hay otras personas vestidas igual a ella. Son todas mujeres. La constante es la felicidad en todas las situaciones. Se ven muchos pacientes vestidos con un camisón.

—¿Cuál sería el momento más importante de esa vida?

Todo fue importante, porque a lo largo de toda la vida fui haciendo lo que quería hacer, elegí libremente y lo disfruté.

—¿Puedes ver cómo es el último día de esa vida?

—Me voy en paz, soy bastante joven y me quedo dormida. Pude disfrutar de la música y del cuidado de los enfermos. Me voy con una sonrisa. Elegir con libertad me permitió cumplir mi misión con alegría.

—Volvamos, entonces, al jardín, para ver qué mensaje tiene el Sabio para ti en esta oportunidad.

—El sabio me dice que recupere la alegría. Que encuentre la alegría en cada cosa que haga. Que elija libremente sin juzgar, dejando que las cosas "sean". Me entrega una llave y me dice que ya encontraré qué abrir. Me pide que guarde esa llave...

En el momento en el que estoy escribiendo estas líneas, Morena se encuentra en Europa, integrando un cuarteto vocal de música argentina. Ella internalizó cada mensaje que recibió durante sus regresiones, ha incorporado la meditación a su vida diaria, amplió su confianza en Dios y en la Ley de la Providencia. Junto con sus compañeros, aun en medio de la crisis mundial, consiguió todo lo que necesitaba para cumplir su proyecto. Está viviendo el éxito porque eligió con libertad, está cantando con felicidad desde y hacia el alma y lo comparte y transmite a los demás. Nada es por casualidad, probablemente, muchas de aquellas almas europeas a las que Morena recibió en su casa y cuidó en el hospital, estén ahora esperándola para transmitirle las gracias a través de sus aplausos en el renovado escenario de la vida.

Capítulo 8
Julián. El alivio de los síntomas psicosomáticos

Julián llegó al consultorio después de haber manejado 250 kilómetros, para encontrar un alivio a su problema de asma. Había participado en uno de los *workshops* que dio el Dr. Brian Weiss en Buenos Aires, en abril de 2007, y allí tomó la decisión de realizar una terapia de regresión. Es ingeniero, trabaja con *software* aplicado a modelos físicos y matemáticos; y me confesó que era bastante escéptico. Desde pequeño estaba luchando con esta enfermedad y en ese momento se encontraba preocupado porque en su examen médico laboral el estudio de espirometría no había salido bien. El creció con el asma y contra él; todo lo que hizo en su vida ha estado influenciado por esta situación. Cuando era chico tenía miedo a la muerte y pensaba que morir era "no encontrarse". Necesitaba tocar cosas frías para darse cuenta de que estaba vivo o tenía que hacer cálculos matemáticos porque si pensaba, si podía razonar, se daba cuenta de que estaba con vida.

Con esta presentación, yo sentía que tenía delante de mí un desafío y deseaba que a pesar de tanta preponderancia del hemisferio izquierdo, su ser racional, con tanto *training* en tener el control pudiera dar lugar a la entrega de la relajación. Hacia el final de la consulta me confesó que había tenido una experiencia cercana a la muerte por una crisis asmática, a los veinte años, y durante el proceso de reanimación, además de ver una luz muy potente, también escuchó voces en idioma alemán que le decían que no se entregara, que saliera adelante.

Durante su primera regresión, después de haber permanecido en un estado de relajación por media hora aproximadamente, comenzó a recordar:

> Estoy sentado en la puerta de casa. Tengo cuatro años, tengo un pantalón corto y un buzo azul. No puedo correr, estoy solo, quiero estar solo, no lloro en ese momento. Me quedo sentado esperando que se me pase.

Le sugerí que, dado que él estaba viendo a ese nene, ya no estaba solo y que, entonces, podía darle un cálido abrazo para sentirse protegido y acompañado.

—Yo quiero estar solo para no molestar a mis padres. Ellos van a querer ayudarme.

—¿Y qué pasa si pedís ayuda?

—Sí, al final pido ayuda, mi mamá y mi papá me dicen que me quede tranquilo que va a pasar, pero no pasa...

Le propuse que comience un diálogo con su pulmón para que pueda escucharlo de una manera diferente.

—¿Y qué les pasa a tus pulmones?

—No pueden respirar, están cerrados.

—¿Cómo los puedes ayudar?

—Sería bueno que se queden tranquilos, que se abran, estoy haciendo ejercicios para que se abran, estoy usando medicación.

—Tus pulmones te están escuchando. ¿Quieres hacerles alguna pregunta?

—¿Cuál es la razón por la cual se cierran?

Julián se concentró en sus pulmones y comenzó a percibir el mensaje que éstos le estaban trasmitiendo.

—El aire es caliente, es pesado, nos cerrábamos para defendernos —fue lo que primero le expresaron sus pulmones.

—¿Defenderse de qué?

—El aire es caliente, como una información nueva, el aire es muy caliente, nos irrita, no queremos respirar.

—Salgan de ahí, de ese lugar donde el aire es muy caliente.

Le pregunté a Julián cuál era ese lugar tan caliente de donde se tenían que ir sus pulmones, si podíamos ir a esa situación donde los pulmones sentían tanto calor... "Tengo frío, no veo nada", me respondió. Decidí, entonces, hacer que volviera a visualizar el jardín del comienzo de la experiencia de relajación. Se encontró allí con el Sabio que le transmitió este mensaje: "Es importante que creas en la vida y que creas en Ti. Yo estaré siempre. Yo estoy siempre".

Recordé sus palabras durante la primera sesión y su relación a la vida y el sentir el frío. También el episodio que le sucedió a los veinte años, el de percibir la luz en esa experiencia cercana a la muerte... Entonces compartí con él, al final de la regresión, esta afirmación del Maestro Paramahansa Yogananda:

> *Padre Celestial, las células de mi cuerpo están hechas de luz, mis células corporales están hechas de Ti. Puesto que Tú eres perfecto, ellas son perfectas. Puesto que Tú eres salud, ellas son sanas. Puesto que Tú eres Espíritu, ellas son Espíritu, y puesto que Tú eres la vida misma, ellas son inmortales.*

Luego, Julián agregó que había experimentado, durante la regresión, la misma sensación de calma que cuando lograba conciliar el sueño de niño.

Cuando regresó, a la semana siguiente, yo tenía mucha curiosidad de saber cómo habían transcurrido sus días; la sesión anterior me había parecido poco satisfactoria, con pocos datos para mi aspiración profesional. Recuerdo su mirada fija cuando entró al consultorio, me sentía realmente expectante. Sus palabras fueron muy simples y concisas: "Esto funciona. Dormí tres noches seguidas sin estar en estado de alerta ni pensar cuándo me va a agarrar el espasmo"; y agregó: "Pude hacer mis ejercicios de respiración ampliando los tiempos al doble, pasé de cinco segundos a diez".

Pasadas tres semanas, hicimos una segunda regresión. Antes de comenzarla, me dijo que empezaba a pensar en el asma como algo extraño a él, como si fuera de otro. En ese período, también hicimos ejercicios de visualización sobre sus pulmones y me comentó con gran felicidad que estaba durmiendo "como un bebé". Comenzamos con la regresión; relató un recuerdo de su infancia:

> Estoy sentado en la cama, soy chico, tengo unos siete años, y estoy jugando con una hélice de esos juguetes que vuelan, yo lo uso para darme aire. Todo está oscuro y trato de darme aire, que pase el tiempo. Hace mucho calor, es verano, es de noche y trato de respirar. Estoy en el dormitorio, duermo con mi hermana. Trato de no despertarla. Yo duermo del lado de la pared y ella del lado de la ventana; y juego, trato de jugar, que pase el tiempo, va a pasar...

Le pregunté si aparecía algo más relacionado con esa escena, pero sólo volvía esa imagen. No tenía recuerdos de su estado en el vientre materno. Le propuse, en consecuencia, que fuéramos al tiempo más allá de la concepción de esta vida. Comenzó a relatar:

> Estamos caminando en fila india, no sé a dónde vamos; debemos ser muchachos y caminamos. No hay árboles, no hay nada,

sólo tierra; no sé si es un desierto, vamos solos, es un desierto o es tierra, tierra, no hay plantas, no hablamos, no hay de qué hablar, todo es muy seco. Estoy vestido como con una tela de color marrón que va desde el hombro hasta las rodillas, tengo sandalias, no debo estar descalzo. Todos miramos hacia delante. Hace mucho que estamos caminando, no veo nada adelante, y somos nosotros ocho y nadie más.

Fuimos unos cinco años más adelante en esa misma vida, y Julián se estremeció y extendió su brazo derecho.

—No soy un hombre, soy un muchacho todavía. Ahora estoy en una ciudad donde las casas son de adobe, hay mucha tierra, como si fuera el tiempo antes de Cristo o los primeros años después de Cristo, en Oriente.

—¿A qué se dedica este muchacho cuando ya es un hombre?

—Veo gente que lleva ganado, cabras, es un mercado. Yo elijo los animales, sólo los elijo; no los pago, supongo que llevo los animales fuera de la ciudad. No tengo familia, estoy en las afueras de la ciudad. No tengo nada, yo estoy ahí, hay agua. No puedo ir más lejos, estoy viejo. Estoy cerca de la ciudad, pero no tanto, no hay mucho para hacer. Supongo que me muero ahí.

—¿Qué enseñanza cosechó ese hombre en esas tierras?

—Él no esperaba nada y vivió. No cambió nada.

—¿Había algo que tenía que cambiar?

—Podría haber hecho algo diferente. Pero no se podía. Era como un esclavo morocho de cabello oscuro. Ese hombre no esperaba nada, sólo estaba en el presente, no esperaba resultados, hacía lo que tenía que hacer. Qué paradójico, este hombre era un esclavo pero estaba libre, no estaba pendiente de los resultados de sus acciones ni especulaba con ellas. Él no esperaba, era libre...

Fue el momento en que le sugerí a Julián que complementara su tratamiento médico con la consulta a un profesional de la medicina antroposófica, que amplía los conocimientos de la medicina académica con la investigación resultante de otros ámbitos del ser humano, como los de la vida, el alma y el espíritu. La medicina antroposófica se apoya en la concepción del hombre y el mundo de la *ciencia espiritual*. Esta concepción presenta a la entidad humana constituida por diferentes planos o dimensiones: corporal, vital, anímica y espiritual; y es sólo practicada por médicos titulados.

Gracias a los conocimientos surgidos de la medicina antroposófica, se conoce concretamente la relación de los componentes físico-biológicos con los anímico-espirituales, resultando de ello una ampliación en la que el *cuerpo* y la *psique* son como compañeros del *yo* o *individualidad* del enfermo.

Los síntomas de Julián fueron mejorando cuando incorporó el tratamiento antroposófico y el hábito de meditar regularmente. Si bien él notaba la mejoría cuando dormía y en el rendimiento de sus actividades, le daba cierto resquemor realizar la regresión, porque él tenía que pensar, analizar y entender lo que estaba pasando en ese proceso y aun así accedía a recuerdos.

Como terapeuta, dada esta situación, decidí realizar otro ejercicio con él por medio del cual pudo manifestar su deseo de tener pulmones sanos, energía, tiempo y alegría. Igualmente, Julián alcanzó a percibir la presencia del comité de Sabios que le recordaron sus dones de fortaleza, confianza y voluntad. Una vez de regreso, en el santuario, el Sabio le transmitió su mensaje: "Me dice que siga, que continúe, me toma de la mano y me transmite seguridad", me contaba Julián. Y yo veía que fruncía el ceño, como si estuviera ofreciendo resistencia.

> Comienzo a percibir figuras, posiblemente fui soldado, siempre en una situación de "estamos perdidos", no hay posibilidades, pero no retrocederemos. Me viene a la mente un pasaje de la Batalla de Austerlitz, la batalla de los tres emperadores: Napoleón, Francisco II de Austria y Alejandro I de Rusia. Es famoso el sol de Austerlitz, los lagos estaban derretidos y empezó a

> salir el sol, y después Napoleón mandó a bombardear. Ahí no había ninguna posibilidad. Esto lo leí de chico y me impresionó mucho. Pero ahora siento, siento esta idea: "estamos todos perdidos, no nos entregaremos".

En la sesión siguiente, me comentó que se fue con mucha tranquilidad, que manejó con calma la que, además, pudo mantener en sus reuniones de trabajo, con naturalidad, sin tener que hacer ningún esfuerzo; su serenidad, simplemente, estaba.

Comenzamos un nuevo proceso de regresión y después del período de relajación Julián comentó:

> Veo una luz blanca, es una luz fría, se mueve. No da calor, es fría, me está iluminando y yo estoy acostado, tirado, tal vez, en un campo. ¡Ay, Dios mío! Somos soldados. Algunos están buscando vivos, heridos, pero para matarlos, para que no sigan sufriendo, lo hacen por compasión. Si miro la luna, significa que estoy vivo. Está amaneciendo. Me quiero morir, yo estoy herido, yo voy a morir, somos soldados, solamente peleamos, podemos ser azules, pero está amaneciendo. Los atraviesan con sus bayonetas, así nos matan. No saben si estamos vivos o muertos; los otros son uniformes oscuros, no dicen nada, hacen. Me siento atravesado por la bayoneta a la altura de los pulmones. Hay mucha luna y luz. Tanto para nada...

Hilos finos de lágrimas se deslizaban por las mejillas de Julián, respiraba profundo. Se produjo un silencio especial. Luego, continuó:

> ¡Ay! Ya no siento. Somos muchos, abajo no queda nadie. Estoy arriba. Ya no siento dolor. Abajo está la tierra y todo igual. ¡Ah! no tengo límite, no sé, soy pero no soy, soy todo igual, igual a todo, no hay diferencia, simplemente, soy, pero no soy como estoy ahora. No hay límite, no hay forma, no se siente. Yo soy, pero no siento. Soy y no soy. Sé que soy. Somos... no

> hay límites. Hay una luz cálida, es lo que contiene. Uno está en esa luz casi azul. Somos blancos y estamos porque está esa luz, pero no tenemos límites. Hay mucho alivio allí, no tenemos límite. Estamos. Estamos. No hay límite. Ahora quiero volver acá.

—Muy bien, entonces, vamos volviendo hacia el jardín, para encontrarte nuevamente con ese Ser Sabio, humilde, que te está esperando y te recibe con su mirada llena de amor incondicional. ¿Qué mensaje te transmite después de haber recordado esta experiencia?

—La vida es siempre. Uno no muere.

Mientras finalizaba esta sesión, recuerdo que fue impactante para mí pensar que ciertas situaciones mencionadas en los casos de los libros del Dr. Brian Weiss estaban sucediendo en mi consultorio, en Buenos Aires.

En el encuentro siguiente, Julián me comentó, sorprendido, que estaba durmiendo profundamente, como un bebé. Dormía con su cuerpo, sentía cómo su cuerpo descansaba y se relajaba. Sentía cómo su cuerpo generaba calor y transpiraba de noche. Estaba continuando con su rutina de gimnasia y estaba bajando de peso. Ya no tenía más secreciones bronquiales. Por todos estos motivos, decidió festejar su cumpleaños y les dijo a sus amigos que era el año "cero", porque comenzaba una nueva etapa en su vida.

Luego, amplió más detalles de lo que había sucedido en la regresión anterior:

> Cuando dije "¡ay, Dios!", veía en ese escenario los cuerpos en el piso, los árboles y nuestros caballos. Los cuerpos que se movían no tenían mucha diferencia entre los vivos y los muertos. Ya de regreso a casa, después de la regresión, mientras manejaba, recordé que cuando hablaba con mi hijo mayor, que es militar, le contaba acerca del obstáculo que era la caballería, porque había que ir sobre la propia gente. Pero yo nunca había leído eso, y ahora comprendo que esas

palabras que le decía a mi hijo venían de la experiencia vivida en otra vida.

Estuve resistiendo toda la noche para nada, para después, al otro día, morirme. Recuerdo que un día le dije a mi ex mujer que si alguna vez llegara a estar en estado vegetativo, yo iba a salir. Esa noche de la batalla yo también pedía que no me mataran. Y en este momento recién entiendo que cuando era chico e iba a la casa de mi abuela y me tiraba en el piso frío, sentir frío significaba, para mí, conectarme con la vida. Pero lo que más estoy comprendiendo es que cada vida se desarrolla renovadamente a lo largo de una *única vida eterna*.

La pregunta que le hice al Dr. Brian Weiss sobre qué pasa si uno descubre que fue un asesino, pensando en qué traumático sería vivir con eso, creo que, después de ver las regresiones de personas durante el entrenamiento y de pacientes que, por algún motivo de sus vidas, han tenido que estar en campos de batallas o matar para vivir, y luego de experimentar la gran tristeza y desazón al punto tal de encontrar en la muerte la liberación de no tener que seguir matando al prójimo, me atrevería a decir que muchas personas debieran recordar ese horror para, justamente, dejar de repetir.

Estamos en un momento donde la gente está harta de violencia, en todos los países del mundo; en los últimos años, nos juntamos para que se escuche el pedido de paz. Pensar que personas que están viviendo hoy en la Argentina estuvieron participando en una batalla norteamericana o en un ejército francés, o en uno mongol, nos habla sobre la hermandad que nos une más allá de todas las fronteras y sobre el cuidado que debemos tener para erradicar el odio hacia cualquier diferencia de nacionalidad, religión o nivel social. Creo que ése es el mayor aprendizaje que se nos impone ahora más que nunca con relación a superar un karma colectivo de violencia.

Una forma de adquirir sabiduría es a través de la experiencia del sufrimiento ajeno. Todas las personas que experimentaron la vivencia de matar concluyeron en la inutilidad, la desazón, el desconcierto de ir contra la naturaleza de la vida. Así como en la Argentina los psicólogos pensamos que toda la gente debería hacer análisis en algún momento de su vida, y casi lo estamos logrando, considero que sería muy saludable para la humanidad que las personas tengan la experiencia de realizar una regresión para que puedan acceder a esa identidad escondida y, al mismo tiempo, tan real que proporciona paz y hermandad.

Cuando era chica, me imaginaba qué pasaría si todas las madres del mundo se pusieran de acuerdo para impedir que sus hijos vayan a pelear. Ahora nos parece ridículo que ciertas tribus sacrificaran vidas humanas como ofrenda a los dioses. Tal vez, en unos años, veamos las escenas de violencia como un gran sinsentido, como la mayor equivocación del ser humano. "Ojo por ojo y el mundo quedará ciego", decía Gandhi.

La ignorancia de no poder reconocer en el otro a mi hermano hace que lo mate por un territorio que seguirá estando ahí cuando vuelva en mi próxima encarnación o, tal vez, no, quizá esté destruido.

Las regresiones permiten valorar mucho más la oportunidad de esta vida, para poder crecer, para poder aprender a amar, para comprender que tenemos un propósito, ni siquiera una gran misión, sino tan sólo un pequeño propósito para que sea cumplido con nuestras capacidades, y en eso debemos ser generosos en dar nuestros dones a otros.

Rudolf Steiner, filósofo, nacido en el antiguo imperio astro-húngaro, en el año 1861, en una de sus conferencias, ofrecida en Berlín, en 1912, planteó:

> *... Estos hombres del presente, en la próxima encarnación –no importa que tengan aspiraciones espirituales o materialistas– tendrán una fuerte predisposición a sentir su encarnación precedente. No importa lo que hagan los hombres del presente: por el hecho de*

ser hombres de la época actual, renacerán con una fuerte predisposición y un deseo ardiente de enterarse, de saber algo de la encarnación anterior. Estamos, precisamente, en una época de transición que lleva a los hombres de una encarnación, en la que nada quieren saber de reencarnación y karma, a otra en la que sentirán vivamente: toda la vida que ahora llevo está para mí en el aire si no puedo saber algo de mi encarnación anterior...[13]

[13] Steiner, Rudolf, *Reencarnación y karma y su significado para la vida actual*, Editorial Antroposófica, Buenos Aires, 1998.

Capítulo 9

Viviana. Un triunfo contra la obesidad

Viviana es mi paciente desde hace dos años. Cuando vino a visitarme por primera vez tenía varios motivos de consulta, uno de ellos era el de solucionar su problema de obesidad.

El miedo a expresar sus emociones era una de las características que más obstaculizaba su tratamiento; por lo tanto, la decisión de realizar una regresión le llevó su tiempo, al margen de que le explicara la benevolencia del proceso. Decidí, por supuesto, respetar su decisión.

Desde que inició su tratamiento, había mejorado la relación con su hija y con su esposo, ocurría lo mismo, pero de un modo más gradual. En un determinado momento, resolver el tema de su imagen y su figura se impuso y pasó a ser la prioridad respecto de los otros problemas. Estaba cansada de comenzar grupos para bajar de peso y de acabar dejándolos. La frustración de no cumplir con su objetivo la llenaba de enojo. Finalmente, el enfado consigo misma superó su miedo a realizar una regresión. Pero, además, había otro motivo que la impulsaba a tomar la decisión. Quería recordar momentos de su infancia junto con su padre, quien había fallecido cuando tenía cinco años.

Decidimos, entonces, comenzar este proceso para descubrir el origen de su obesidad, aunque también para recordar esos momentos olvidados de esta vida. Así fue que iniciamos la regresión con la evocación placentera de un momento de su infancia. Viviana relató:

> Veo a mi papá que vuelve a casa, y yo corro por el pasillo del departamento, tengo tres o cuatro años, y espero ese momento para ir corriendo a abrazarlo, y él también me abraza. Tengo un vestidito, me siento segura con él. Siento que me alza "a upa", entramos al departamento. Está mi abuelo, el papá de mi mamá. Lo veo venir hacia donde estamos con mi papá y habla, no sé qué dice, le habla a mi papá. Ellos se quieren. Creo que le habla de mí. Le cuenta qué hice en el día. Yo estoy con mi abuelo siempre. Mi papá tiene un pantalón azul, una camisa oscura, un saco azul. Mi abuelo se va a cocinar, le gusta cocinar, y yo estoy con mi papá. Me trajo una revista *Billiken*. Estoy bien, estoy contenta. Él tiene un maletín con papeles y de ahí sale la revista, y miramos los dibujos juntos. Me habla, pero no entiendo lo que me dice, no escucho. Estoy bien, me siento protegida. Escucho al abuelo en la cocina; mi mamá no está, no sé por qué. No pregunto. A mí me interesaba estar con mi papá.

Luego, nos remontamos más atrás en sus recuerdos, al momento de estar en el vientre de su madre:

—Siento calor, quiero salir. Escucho silencio y siento mucha luz. Percibo a mi mamá con miedo, perdió su bebé antes y tiene miedo ahora.

—¿Puedes recordar algo de tu primer día de vida?

—Veo a mi papá que está muy contento y quiere que mamá esté contenta. Mamá está tensa. Veo cómo mi papá abraza a mi mamá. Siento que mi papá me quiere, está contento. Veo a mi abuela, la mamá de mi papá. Ella me abraza y está feliz.

Más atrás en el tiempo recuerda:

—Estoy en la calle, en la vereda, y veo los adoquines, pasan autos grandes y hacen ruido, son negros. No parezco yo. Tengo pantalón, camisa y llevo libros; soy un hombre joven de veinte años. Hay un edificio grande en frente y tengo que ir a estudiar. No quiero cruzar, no sé por qué. Hay mucha gente y paso, y estoy parado mirando al otro lado, pasa mucha gente con ropa fea, oscura, pocos colores, veo todo como marrón, es gente grande. Veo una pared grande que ocupa toda la calle, veo ventanas, pero la puerta no está ahí, veo el costado, son dos pisos. Tengo que cruzar para ver la puerta, voy corriendo y ya crucé. La puerta es grande. Hay una escalera y dos puertas grandes.

—¿Hay algún nombre que puedas ver en ese edificio, alguna inscripción?

—Se me ocurre el nombre San Nicolás, pero no lo estoy leyendo. Voy corriendo y hay mucha gente adentro. Estoy buscando a alguien, tengo nervios, no tengo examen. Tengo libros y necesito hablar con una persona. Hay un señor, pero yo estoy nerviosa, parece mi abuelo, es un señor que está ahí. Es bueno. Hay algún problema. No puedo ver cuál es el problema.

—Vayamos un poco más adelante en esa vida, tal vez, podamos ver cuál era el problema.

—Me veo en una oficina, serio, trabajo, recibo gente, tengo un traje negro, un escritorio grande, uso anteojos. Tengo treinta y cinco años, más o menos. Viene a verme una señora con un nene, me da la mano. Soy abogado o algo así. Hablamos muy seriamente y con muchos papeles, pero no sé qué más.

—¿Puedes percibir cómo es el último día de la vida de ese hombre?

—Está enfermo, se encuentra en un hospital. El lugar es feo y se siente mal, y está con una señora. Trabajaba mucho y no disfrutaba; estaba siempre preocupado. La mujer no quiere que se vaya. ¡Ay! Si volviera a nacer, estaría más tranquilo con ella, y con mis hermanos…

Dejamos esa escena para volver a visualizar el jardín donde se encuentra con el Ser Sabio que le transmite su mensaje. Ella lo cuenta:

> Me dice que no tenga miedo, que él está conmigo, y que esté contenta. Eso me va a ayudar a soltar el miedo. Tengo que estar más tranquila, como cuando llegaba mi papá. Puedo disfrutar de las cosas sin preocuparme tanto, puedo hacer cosas buenas y, de esa manera, me voy a sentir mejor. Me dice que me acuerde de mi ángel.

Cuando terminó la regresión, lo primero que dijo Viviana fue: "Verme como hombre me confirma que esto no puede ser producto de mi imaginación. ¡Hubiera imaginado que era una princesa con un vestido hermoso! Estoy muy feliz de haber podido recobrar ese recuerdo con mi padre...". Su corazón estaba lleno de gozo y lo denotaba su rostro. Le sugerí, para la siguiente sesión, que buscara información, quizá, encontraba algún dato sobre una facultad de derecho llamada San Nicolás.

A la semana siguiente vino a la consulta fascinada, había encontrado, en Internet, la facultad San Nicolás de Hidalgo, de México, y la fachada coincidía exactamente con lo que ella había visto en su regresión. Me contó que, después de la regresión, llegó a su casa y se quedó hablando con su marido de varios temas hasta las dos de la mañana. Era la primera vez que estaba tan tranquila para hablar con él. Su marido estaba muy asombrado de verla tan desenvuelta y le propuso que hablaran más seguido con esa misma calma. En esa sesión, ella me contó:

> Cuando era chica, pensaba que mi papá se había muerto por mi culpa o que se había ido porque no me quería... Sentía el abandono tanto del lado de mi mamá como de mi papá, y pensaba: "Yo no valgo lo suficiente para que mi papá esté. Yo no valgo lo suficiente para que ella quiera estar conmigo en vez de querer estar con el bebé que murió". Me molestaba que pensara tanto en ese bebé.

Le comenté el caso de mi otra paciente, la del Capítulo 6, Melina, ya que Viviana también había perdido una beba antes de tener a su hija actual. En ese momento, ella recordó que el pediatra se confundía siempre el nombre de su primera bebé y, en vez de llamarla Rocío, la llamaba Romina, el nombre de su hija actual, de seis años, que lo eligió por un libro que leyó y porque le gustaba tanto a ella como a su marido. Se había olvidado del acto fallido del pediatra, hasta este momento...

En las semanas sucesivas, Viviana seguía sorprendida por el efecto de esa regresión: pudo hablar con su marido sobre su beba Rocío, pudo plantearle límites con afecto y seguía teniendo espacios para hablar con él con calma. Se animaba a hablar, había perdido el miedo a hablar. Le podía pedir al marido que la escuchara sin que él se enojara. Ella le hablaba con calma, él no se enojaba. Estaba maravillada ante este cambio. Retomó su tratamiento para comenzar a adelgazar y cumplía exitosamente con los compromisos de los encuentros grupales. Comenzó también a andar en bicicleta y descubrió que eso le daba mucho placer.

Pasaron menos de dos meses cuando decidimos hacer otra regresión. Para ese tiempo, estaba arreglando su nueva casa y se sentía un poco inútil, sentía que no podía hacer las cosas bien, no podía pintar bien una cortina, se olvidaba de sacar fotocopias, se equivocaba con papeles. Ella se sentía muy desordenada e inútil. Su alto grado de exigencia no le permitía la flexibilidad necesaria para aceptar ese momento de transición en el que estaba en una casa mientras se arreglaba la otra y la mudanza se iba haciendo paulatinamente. Era el momento de comenzar su segunda regresión; mientras la guiaba, ella narraba:

—Hay una imagen oscura. Es una casa que está oscura, es como si fuera de noche, no hay luces, es una casa vieja. Al día siguiente, con sol. Está hecha de cemento y piedra, tiene muchas habitaciones y ventanas altas. Estoy en un patio o una habitación, y veo un patiecito donde dan todas las puertas de la casa y está la puerta que me lleva a la calle —en este momento, lágrimas corren por sus mejillas—. No sé exactamente cuántos años tengo; es como si fuera adolescente. Tengo zapatos y un vestido largo, feo, marrón y blanco, tengo pelo negro atado atrás con un pañuelo. Parece que no hubiera nadie. Es mi casa, vive mi mamá y mi papá. Él es un señor con bigote, está de traje, con cara de malo. Puedo ver sus ojos oscuros. Tiene un negocio. No sé de qué, se me ocurre que una farmacia, lo conocen todos. También tiene mal carácter con todos. Habla mucho con la gente, me parece que se llama Manuel. No me quiere, no se por qué. A mi hermano sí, lo quiere, es más chico. Puedo verlo, tiene nueve o diez años. Mi mamá parece que no habla mucho, está vestida con algo gris y zapatos, y hace cosas, limpia, tiene cabello oscuro con rodete, tiene pelo largo y se lo levanta, parece contenta de estar con nosotros. Yo tengo trece años y no me dejan salir, salgo sólo para ir al colegio. Es un pueblo con calle de tierra.

—¿Cómo te ves algunos años más tarde en esa misma vida?

—Veo a mi mamá que está más vieja y yo tengo cuatro hijos. Estoy, con mi mamá, en una habitación grande; no hay cama, hay sillones. Ella está en un sillón. Yo estoy escribiendo. Veo que tengo hijos, pero mi padre y mi hermano no están. Mi marido trabaja. Estoy contenta, tranquila porque mi madre está conmigo; a ella le gusta el lugar donde está. Es un salón con sillones, hay una escalera, es hermoso. Desde las ventanas veo el sol, otras casas, hay gente caminando. Estoy con mi madre y estoy bien. De mis cuatro hijos, dos de ellos parecen iguales y tienen ojos celestes. Tengo una nena más grande y tengo un bebé. Parece mucho tiempo atrás, cuando se usaba esa ropa de mangas largas, cuello alto, volados y polleras largas; no sé exactamente qué año es. Cuando era chica, le tenía miedo a mi papá. Percibo que él no me quería, no me dejaba salir, tenía miedo cada vez que llegaba, siempre estaba enojado. Me sacudía, me pegaba; me encerraba en la habitación y me dejaba sola, y mi hermano se iba con él. Mi mamá no me defendía porque le tenía miedo. Yo pensaba que no servía, que no me quería porque era mujer. A mi mamá también la trataba mal; me quedaba mucho tiempo ahí encerrada. Mi cuerpo era de contextura normal, delgada, mi mamá también era delgada. Me tenía que quedar ahí hasta que volviera, no me dejaba salir. Cuando abría la puerta, me iba hacia la esquina de la habitación, porque no sabía si venía a pegarme.

Este maltrato se terminó cuando me casé, cuando me fui de casa. Mi marido es bueno, me quiere, con él estoy tranquila. Lo veo con ojos claros, como los de Roberto —su actual esposo—. Estoy con mis hijos y con mi mamá, y mi hija está todo el tiempo con mi madre porque ella la cuida. Mi mamá vive con nosotros.

—Fíjate, ahora, si puedes recordar el último día de esa vida…

—Nadie sabe que me voy a morir, yo tampoco lo sé. Simplemente, me voy a dormir. No soy vieja, tampoco joven. Veo desde el alma que tendría que haberme defendido. Tendría que haber defendido a mi mamá, no la cuidé. Pero sí fui una buena mamá y cuidé a mis hijos.

Mensaje del Sabio:

> Me dice que fui buena, que quería cuidar a todos. Que ahora me puedo cuidar y que tengo la fuerza para defenderme y que como no me daba cuenta de que tenía esa fuerza, me escondía. Ahora tengo la oportunidad de cuidarme como no lo hice esa vez. Tengo que tener confianza. Nos quedamos juntos mirando las flores…

Cuando Viviana regresó, a la semana siguiente, me comentó que estaba impactada por las regresiones. Se dio cuenta de que las cosas se arrastran vida tras vida.

—¿Quiere decir que lo que vivo ahora también lo llevaré a mi futuro?

—Claro… Y lo que pienses y hagas hoy condicionará tu futuro. Por eso es tan importante tener pensamientos positivos en tu presente. Los pensamientos son sustancia y se materializan.

—Esta semana pude hacer todo bien y hasta me pude enojar con mi marido sin tenerle miedo, y logré que él comprendiera que estaba equivocado con su actitud y que me pidiera perdón. El efecto de la regresión fue muy positivo. Estoy pensando en que quisiera anotarme para estudiar psicología. Me estuve acordando, en estos días, que mi mamá me decía que mi papá decía que yo fuera cualquier cosa en mi vida, menos abogada. ¡Qué bárbaro! Como si él supiera que ya lo había sido y no necesitaba insistir en eso. Y pensar que estuve trabajando diez años en el departamento de Legales de un banco...

Viviana se apropió de su capacidad de hablar y de expresar sus emociones. Comenzó a estudiar psicología, perdió sus miedos y sus kilos de más. Desde su primera regresión, seis meses después ya había perdido treinta y cinco kilos. Disfrutó de vacaciones junto con su marido y su hija como nunca lo había hecho y se dio el lujo de usar una bikini por primera vez en su vida. Soltaba kilos mientras ganaba confianza y sonrisas para su vida.

Capítulo 10
Verónica. Situaciones de abuso

Verónica, una mujer delgada, de veinticinco años, llegó a la consulta con un dejo de descuido en su presencia, como si hubiera querido ocultar su belleza, casi aniñada. Sus pisadas apenas emitían sonido al contacto con el piso, más etérea que terrena. Se dedicaba a la escenografía.

El motivo de su consulta era disipar una gran duda... Cuando tenía doce años, su madre le contó que, a los cuatro, el padre había abusado de ella, y Verónica le había contado este episodio a su pediatra, pero no dio detalles muy claros de lo sucedido. A los catorce, tuvo anorexia y no quería que el padre se acercara a ella. Sin embargo, ella dudaba, dado que su madre la había podido instigar a pensar esto o porque, tal vez, le costaba aceptar el suceso.

Verónica había participado de uno de los *workshops* del Dr. Brian Weiss, en abril de 2007. Allí logró una regresión en donde vio que la estaban azotando y que, después, abusaban de ella, y reconoció en la mirada de aquel hombre los ojos de su padre actual.

Ella había comenzado una terapia de pequeña porque a los cuatro años empezó a tartamudear. A los ocho, fue abusada por un amigo de la familia. El hijo de estos amigos, que tenía veinte años, la tocaba.

Esto sí pudo decírselo a su madre, ya le había ocurrido tres veces, pero igualmente siempre la mandaban a la casa de esta familia. "Me mandaban al muere y ahí decidí hablar", se confesó.

Lamentablemente, en muchos casos de abuso, esto se repite de generación en generación. Tal es el caso de la mamá y la hermana de Verónica. "Quiero terminar esta historia de abusos, de karma familiar", fueron las palabras con las cuales ella concluyó su primera sesión.

En el segundo encuentro que tuvimos, ella trajo la problemática infantil de su padre: él también había sido maltratado y no reconocido. El apellido que llevaba el padre era el de una segunda pareja de la madre, quien también había sido abandonada a los trece años; luego, ella había repetido su propia historia y había dejado al padre de Verónica al cuidado de su abuela.

Verónica se sorprendía de cómo ni su madre ni su padre pudieron sostenerse a sí mismos por muchos años y, a veces, se sentía como madre de sus padres, y no como la hija. Hasta se ocupó de conseguirle un trabajo al padre que, después, rechazó. Los padres le pedían plata, y ella les daba el dinero; pero luego se sentía mal por haber sido tan permisiva.

Verónica estaba en pareja y su novio se dedicaba a la fotografía. Ella, en ocasiones, pensaba que quería tener hijos, pero no quería estar con hombres para que no le hicieran nada. Además, Verónica trabajaba unas horas por semana, cuidaba a una nena de ocho años que fue abandonada. Indirectamente, estaba teniendo la oportunidad de sanar a su niña interna. "Estoy rodeada de gente abusadora y abusada", me decía.

Más adelante, en el tercer encuentro, Verónica me comentó que su abuelo materno, cuando ella tenía doce años, también la tocaba mientras miraban la televisión.

Todas estas situaciones hicieron que a Verónica le costara hacerse respetar por los demás: se sentía siempre en inferioridad de condiciones. Tenía miedos constantes de que le fuera a pasar algo. Si veía a una nena, pensaba que algo malo le podría llegar a pasar. Necesitaba saber qué había sucedido realmente, por lo tanto, arrancamos con las sesiones de regresión.

En la primera sesión, evocó un recuerdo placentero de la infancia de esta vida:

Estoy andando a caballo, en Corrientes. Estoy vestida con un pantalón y un buzo rosado, con zapatillas blancas, y tengo el cabello recogido con un moño también rosado. Estoy junto con mi hermano jugando una carrera de caballos. Tengo ocho años. Me da mucha felicidad estar en el campo, me siento libre y feliz, siento el viento que toca mi cara. Hay sol, es el atardecer. Mi hermano va a mi lado en otro caballo. Me dice que me va a ganar y va más rápido que yo. Finalmente, soy yo quien gana y estoy muy contenta. Mi hermano me dice que va a jugar otra carrera y que él ganaría, pero yo no quiero jugar otra.

Llegamos a la casa y mi papá nos ayuda a bajar y ata los caballos. Me dice que tenga cuidado, que no me vaya a caer. Mi hermano es chiquito para correr así, tiene seis años. Mi mamá nos llama para tomar la merienda y nos pregunta cómo nos fue, le contamos que jugamos una carrera. Me hace sentir bien jugar con mi hermano y ver que mi mamá me cuida...

Tengo otro recuerdo, veo que mi papá me pega en la cabeza con la mano porque yo me peleo con mi hermano Ezequiel. Yo tengo seis años, y él cuatro. Yo estaba jugando; él venía a sacarme los juguetes y le grité para que se fuera, se puso a llorar y le fue a contar a mi papá. Mi padre me dice que soy mala, que mi hermano es chiquito y que me va a pegar con el cinturón... los dos salimos corriendo. Corremos por el patio hasta que nos encerramos en una pieza y empujamos la puerta para que no la pueda abrir, aunque igualmente la abre y le pega a mi hermano con el cinturón, yo lloro y no recuerdo qué sucede después conmigo. Más tarde, llega mi mamá y nos pregunta por qué estamos llorando; mi papá dice que nos portamos mal, y mi hermano le pide que no nos pegue más. Mi mamá se enoja con papá, porque no se puede ir tranquila, le dice que trabaja todo el día y que él pasa más tiempo con nosotros que ella; mi papá era viajante de comercio y manejaba más los horarios.

Después de evocar este recuerdo, le pregunté si quería ir más atrás en el tiempo, a la etapa de su gestación, ella respondió:

—Como recuerdo de vientre materno percibo que estoy bien, es todo muy cálido ahí adentro, pero escucho que ellos se llevan mal, se gritan... Sé que mi llegada los va a poner felices, pero no los va a salvar...

—¿De qué los tienes que salvar?

—Del maltrato y la violencia; a mí tampoco me van a salvar.

—¿Qué lección tienes que aprender para elegir estos padres?

—Tengo que aprender a defenderme y a enseñarles eso mismo a ellos, enseñarles que me defiendan..., aunque no se dieron cuenta...

—¿Qué percibes de tu primer día de vida?

—Nací por cesárea, no hice ningún esfuerzo, me sacaron directamente. Veo luces y después la cara de mi mamá, muy roja, creo que llora, pero no sé si está medio dormida. Mi papá está con mi abuela materna y me miran, lloran todos de emoción, me dicen que soy linda. Me tengo que quedar en la incubadora, necesito calor y luz.

—¿Estás dispuesta a ir más atrás en tus recuerdos?

—Sí. Me raptan unos hombres, estoy en una calle de tierra; me encierran en un lugar oscuro, tengo un vestido con flores, sandalias de cuero, y un pañuelo marrón en la cabeza. Tengo quince años. No sé por qué me raptaron, iba a hacer compras y me llevaron. Quiero escaparme y no puedo. Hay una casa de piedra, mucha tierra, ruidos de caballos, carrozas, se siente olor a comida y hace mucho calor, como cuarenta grados. No puedo escapar; me encierran en un lugar oscuro.

—¿Cómo te ves unos diez años más adelante?

—Embarazada, estoy comiendo, hay un perro y estoy con mi marido. Nos reímos... después, él levanta la mesa y yo me voy a acostar.

—Me pude escapar de aquel sitio luego de estar prisionera por seis meses. Cinco años después conocí a mi marido. Él es médico y me trata bien. Estoy contenta con él. Al pasar unos meses de que nos conocimos, le cuento que estuve raptada y atada. Él me abraza; siento que estoy muy tranquila, que estoy en casa, no me hace falta hablar...

Mensaje del Sabio:

> Veo un ángel que me dice que no tema, que no estoy sola, que él y otros seres espirituales me acompañan. Me dice que baile, que medite y que todo lo que me pasó y me pasa es para aprender; mis padres también tenían que aprender y perdieron una oportunidad. Me dice que tengo el don de ayudar a los demás. Es el mismo ángel que apareció en el patio de mi casa cuando tenía cuatro años. Por suerte, yo estaba con una señora y ella también lo vio, y mi mamá me creyó.

A la semana siguiente, Verónica me comentó que, durante la regresión, se le venían imágenes en las que ella era enfermera. También se le presentó una escena de abuso a sus ocho años, sumado a eso, apareció un recuerdo de una siesta con el padre cuando tenía cuatro años, pero no quiso recordarlo:

> Para mí, hubo una caricia rara por encima de mi bombacha. Durante este tiempo también me acordé de que cuando era más grande presenciaba situaciones de violencia entre mis padres. Un cierto día, mi papá la trataba de prostituta a mi mamá y le puso un cuchillo en el cuello. Recuerdo que me quedé sin aire y me desvanecí. Ahí, los dos se olvidaron de lo suyo y vinieron a socorrerme. Yo puse el cuerpo para salvar a mi mamá.

Acordamos realizar otra regresión en nuestro próximo encuentro, ya que habían surgido estos recuerdos. En esa sesión, Verónica relató:

—Estoy en la casa de una familia y me quedo a dormir allí. Tengo ocho años. Estoy durmiendo en un cuarto con dos chicas, de dieciocho y diecinueve años. Mis padres me mandaron a Buenos Aires a la casa de esta familia. Me estoy por dormir y aparece David, de veinte años, me baja la bombacha y me empieza a tocar. Yo lo quiero sacar y me dice que me quede quieta y que me calle. Me quedo tiesa, se va y yo me quedo llorando. Lloro mucho, voy al baño y me lavo, vuelvo a la cama, me tapo, me pongo a llorar. En ese momento, me escucha la hermana y me pregunta qué me pasa. Yo no quiero hablar, me pide, entonces, que le cuente al osito, y ahí yo cuento qué pasó, pero la hermana me dice que es normal, que es un juego, que él juega, después se me pasa y me duermo.

—Ahora que apareció este recuerdo, desde tu actual lugar de adulta, ¿cómo cambiarías esa escena para que esa nena se defienda?

—Esa nena le pega a David. Empieza a gritar y le cuenta a todo el mundo. No tengo vergüenza de contarlo a todo el mundo. "Le pego en los testículos", grito, se despiertan todos y empiezo a contar lo que él quería hacer. Él dice que no hizo nada, pero me creen a mí. La hermana se acerca luego para abrazarme. ¡Ah...! —Viviana suspira profundamente— ¡Me siento más segura de poder reaccionar a tiempo!

—Claro, esa nena habló, y los demás le creyeron y la defendieron. Gritó, se hizo escuchar y tuvo valentía. Habló de manera clara, firme, fuerte. Esa nena venció la timidez del momento y el impulso de defensa fue muy poderoso.

—Aparece, ahora, otro recuerdo anterior. Estoy viviendo en Entre Ríos, viene a visitarnos esta familia. Son las seis de la tarde y están todos tomando el té; yo estoy con mis hermanos jugando a las escondidas. Hay mucha gente y yo estoy en un cuartito, es como un depósito; aparece David y me agarra por atrás, me abraza y me toca: se repite lo mismo. Yo no puedo hablar, me quedo muda, inmóvil, y él se va.

—Te propongo redefinir la escena, en donde puedas defenderte...

—Estoy en el cuartito, y cuando él viene, lo empujo, grito y salgo corriendo, y le cuento a todos los que están ahí. Yo estoy llorando, pero igual les puedo contar lo que me quiso hacer. Mi mamá le empieza a decir de todo, lo agarra y le quiere pegar, le pega. Él se hace la víctima, aunque está avergonzado, no sabe qué decir. También reaccionan en contra de él sus padres. Ahora me siento bien, protegida. En ese momento, mi mamá me defendió y yo también me defendí. Al final, todos se fueron de la casa. Los padres pidieron disculpas en nombre de él y se fueron.

Aparece ahora otra situación. Estoy en una guerra, hay mucha persecución, gente que se escapa de un lado a otro. Tendré unos once años. Estoy descalza, tengo vestido blanco muy sencillo y soy bien negrita. Hay muchas casas, todas muy juntas. Esta nena sale corriendo de la casa porque vienen a secuestrarlos y a matar a todos. Corre hacia un lugar para esconderse, agarra a su hermanito; igualmente le pegan esos soldados con una flecha. Son como indígenas de una tribu. Sale corriendo; ellos la agarran y la raptan. Veo muchas muertes, gente que van matando, mucho llanto.

—¿Qué sucede unos diez años más adelante?

—Soy bebé, tengo muchos hermanos, hay mucha pobreza. Mi mamá tiene muchos hijos, es humilde; después de mí, vinieron más chicos, somos muchos. Muero joven. Estuve mucho tiempo en cautiverio, hubo maltrato y falta de alimentos por esos hombres. A los cinco años, muero.

—Vamos regresando entonces hacia el jardín, para recibir el mensaje del Ser Sabio. ¿Qué te dice después de todos estos recuerdos?

—Todo mi camino está guiado por Dios. Sólo tengo que oírlo. Se me presentaron y se me presentarán más oportunidades para defenderme, para aprender. Yo puedo hablar, gritar si es necesario, usar mi cuerpo para defenderme; y Dios me acompaña. Me dice que escuche mi ser interior, que respire y que comenzaré una nueva historia, una nueva vida, que siga por este camino. Que pase más tiempo en la naturaleza.

Me despedí de Verónica con un fuerte abrazo. La sesión había sido por demás intensa. Ella se fue del consultorio con mucha serenidad y con la confianza de que un nuevo momento se estaba gestando.

En nuestro encuentro posterior, me comentó que su pareja había tenido que salir de viaje y entonces ella se pudo quedar sola en la casa. Esto ella no lo podía hacer meses atrás, además iba a comenzar a practicar un arte marcial.

Unas semanas después, realizamos una tercera regresión. Verónica recordó:

—Estoy durmiendo en un campo, hace mucho calor y veo una luz azul, aparece y desaparece. Me despierto por la luz, es una luz bien grande y bien azul. Se empieza a mover, y corro detrás de ella, me lleva hacia un mar. Me pongo a meditar. Es un mar cristalino, parece el Caribe. No hay nadie. Cuando me despierto, sigue la luz, y ahora esa luz me lleva a otro lugar, es una aldea con mucha gente, una isla, y empiezo a hablar con las personas. Les pregunto sobre sus vidas, quiero conocerlas. Tengo un vestido con flores; tengo mi edad. No es de esta época, la gente está vestida con polleritas blancas, algunos con retazos de tela. Hay mujeres con polleras largas, son negritos. Hay enfermos. Después de hablar con ellos, con mis manos, curo a una nena; y esa luz está siempre conmigo. La luz me transmite sabiduría y seguridad. Estoy en la aldea para ayudarlos, para darles alegría y sanar a los enfermos. Les hablo del poder de Dios, les digo que Dios es *amor*, y lo que le pidan, él contestará.

—¿Cómo contesta Dios?

—Por sí o por no, a veces, también dice "espera". La gente me pregunta en qué momento tiene que pedir; yo le digo que en cualquier momento. No hace falta hacer ningún ritual. Dios escucha en todo momento. Les digo que se amen.

—¿Cómo recibe la gente tus palabras?

—Bien, muchos son analfabetos, pero lo que les digo lo entienden.

—¿Hay alguien que no entienda?

—Un señor de sesenta años al que le cuesta hablar; también está enfermo. Le hablo con las manos y el cuerpo, los ojos, y menciono la palabra "amor", "Dios", y lo entiende. No todos están enfermos, son analfabetos, por eso se enferman. Ya me estoy yendo de la aldea.

La luz me muestra que hay otras dimensiones a las que puedo acceder, si quiero. Hay una cercana, se trata de no pensar, de sentir, de guiarse por la intuición, no hay miedos, no hay apegos; es estar conectado todo el tiempo con esa luz, se puede hablar con Dios, con los ángeles, lo que en esta dimensión no se puede lograr.

Me están mostrando la dimensión, pero no estoy ahí. Me dicen que, en mi vida cotidiana, mis pensamientos no me dejan acceder a otras dimensiones. Hay muchos planetas con otros seres, y yo estuve en uno de ellos. Estuve en un planeta perfecto que todavía existe; veo una X, aunque no veo todo el nombre, es como si fuera la palabra "ximo", pero faltan una o dos letras.

La luz y el ángel me muestran esta dimensión. Todos podemos llegar a vivir ahí. Yo ya viví, creo, pero por algo tuve que venir varias veces a la Tierra.

—¿Y cuál habrá sido ese motivo?

—Transmitir conocimiento que tengo guardado, y no necesariamente con la palabra, pero si sigo el camino de búsqueda espiritual, voy a tener esos conocimientos.

—¿Qué hay que hacer para vivir ahí?

—Ser limpio de corazón, tener buenos pensamientos, tener compasión, ayudar al prójimo y no ser materialista, porque ese planeta no tiene nada material, no tienen grandes bienes ni son ricos. La riqueza está en el alma.

—¿Te dicen algo esa luz y el ángel para tu vida presente?

—Que tengo conocimientos guardados en el alma que gradualmente van a ir saliendo si sigo en este camino espiritual, y que deje lo emocional, que no me ayuda. Lo emocional es muy terrenal. Seguir el camino de la luz, mantenerme en el centro. Me dice que si mi papá me hizo algo, que no tenga miedo de lo que pueda recordar, que antes no estaba preparada —Se lleva las manos al estómago—. Estoy durmiendo la siesta con él, tengo tres años. Siempre me llevaba a dormir la siesta, hacía calor, estaba en el campo, en Pergamino. Me quiere hacer dormir, y lo abrazo y pongo una pierna arriba de la de él, y le pasa algo. Me toca, me acaricia la cola; yo estaba en bombacha y me empieza a tocar, me quedo, no me doy cuenta. Mi mamá no estaba. No se si fue otro día que también me tocó por adelante, por arriba de la bombacha, me acariciaba todo el cuerpo. Yo estaba sintiendo algo raro, como si eso no estuviera bien; y él, para disimular, me acariciaba el brazo, la espalda. Creo que fueron un par de veces, dos o tres. Hasta que un día empecé a tartamudear. La tercera vez, me tocó por debajo de la bombacha.

Le sugerí, en ese momento, cambiar la escena, como si ella pudiera defender a esa niña:

—La nena grita. Él me dice que no grite, pero yo grito igual y salgo. Abro la puerta, me voy y no me hace nada. Nunca más vuelvo a dormir la siesta con él. Yo le digo a esa niñita que la voy a cuidar y proteger, la voy a defender; esa luz estará para cuidarla en el futuro.

Volvemos a la escena del jardín, para encontrarse con el mensaje del Sabio: "Tu papá era el enfermo, él tenía la oportunidad de cuidarte y no pudo, y si bien esto te pasó a ti, ya no te pertenece. Te doy una llave grande, muy grande. Es algo simbólico. Es para entrar en otra dimensión. Tú vas a saber cuándo usarla. Lo importante es que ya la tienes. Prepárate día a día. Vas a empezar una vida nueva".

Cuando terminamos la sesión, Verónica me contó que había tenido un sueño, aproximadamente un mes atrás, donde se había visto durmiendo la siesta con el padre. Como tenía dudas sobre este dato, le preguntó a la madre si esto era habitual, y ella contestó que sí. Se fue del consultorio con mucho alivio. "Ahora puedo hablar y estar segura de lo que pasó. Prefiero saber antes que vivir con la eterna incertidumbre", afirmó.

Verónica se apropió de su verdad, recibió la contención de esa luz azul para poder ver la escena que necesitaba develar. Como muchas veces pasa en la vida, la luz pone de manifiesto nuestras partes oscuras, pero es preciso verlas para sanarlas, transformarlas y poder brillar con nuestra integridad. Somos seres de luz que, a veces, estamos tapados por el polvo de la ignorancia que nos hace olvidar nuestra verdadera esencia.

El mensaje del Sabio de que comenzaría una nueva vida se concretó más rápido de lo que Verónica pudo pensar. Después de realizar estas regresiones, consolidó la relación de pareja de cuatro años, formó su propia familia, cuatro meses después de su última regresión, quedó embarazada. Desde el primer momento, presintió que sería una nena. Así fue, Azul llegó a su vida para iniciar una nueva etapa de felicidad. Está segura de que la podrá proteger, porque ella ya aprendió a poner límites, a decir "no" y a gritar tan fuerte como una leona, si es necesario, para ser escuchada y respetada.

Este capítulo no termina aquí. Unos seis meses después, Verónica fue convocada a atestiguar en el juicio oral en la causa de abuso de su hermana por parte de una ex pareja de la madre. Al recibir la noticia, su primera reacción fue que no quería exponerse a esta situación.

Luego, recordó uno de los mensajes del Sabio en el que le decía que tendría nuevas ocasiones para demostrar que en esta vida podía defenderse. Fue consciente de que este juicio era una oportunidad de poner fin a ese karma familiar y lo enfrentó con un coraje y una presencia de ánimo tales que fue inspiradora de calma y seguridad para su hermana y su madre. Recordó esa misma luz azul que percibió y la envolvió durante la regresión, y esa sensación de protección le dio la fuerza para ir a Tribunales. No tenían recursos para pagar un abogado, pero Verónica confió en su verdad, estuvo mirando al juez todo el tiempo, dio su testimonio con mucha serenidad y convicción interna. Finalmente, su declaración contribuyó a que declararan culpable al acusado.

Aquella joven cuyos pasos eran imperceptibles, en su primera consulta, se transformó en una mujer que pisa fuerte en su vida y deja huellas de seguridad detrás de sí.

Capítulo 11

Estefanía. El desafío de tener dos madres en una misma vida

Estefanía es una mujer de estatura mediana, de casi cuarenta años, con un rostro muy fino y delicado. Su ropa, su maquillaje, sus accesorios combinan perfectamente. Es muy pausada al hablar y su tono de voz es muy suave. Le fascina la lectura y no puede empezar su día sin su diario y su taza de café.

Estefanía nació en Italia, con problemas en el paladar. Tenía tres años y no hablaba. Su familia era muy humilde, ella era la menor de cinco hermanos. Su madre, al ver que no podía resolver el problema de salud en su pueblo, decidió enviarla a la casa de su hermana, en Buenos Aires, para que pudiera ser operada. Desde ese momento, Estefanía vivió con su tía. Esta tía había tenido una hija cuando era muy joven, que murió durante la guerra.

Estefanía se desenvolvió muy bien en Buenos Aires. Fue una excelente alumna; le gustaba mucho estudiar. Se recibió a los veintitrés años de contadora. En 1992, decidió volver a Italia. Durante la Navidad de 2004, regresó a Buenos Aires porque su "tío-papá" –así lo nombra ella– estaba enfermo de cáncer. Volvió, luego, a Italia por un mes, y regresó a mediados de 2005. Estefanía sintió que quería volver a

Italia, pero su tía-madre no quería regresar a Italia, porque tenía sus médicos aquí; además, ella era muy dependiente de Estefanía.

Sin embargo, Estefanía pensaba en regresar a Italia, en realidad, quería saber dónde vivir. Su hermano estaba con depresión; ella, en el año 2003, también sufrió de depresión y estuvo tomando medicación durante dos años. Se despidió de nuestra primera entrevista con esta inquietud: "Tiene que haber un porqué de que haya nacido allá y tenga que venir acá, ahora de nuevo".

Después de analizar su historia familiar de esta vida, acordamos para comenzar con las regresiones.

En la primera regresión, después de la relajación donde estaba visualizando el jardín, le recordé que, en ese lugar, podría recordar lo que tuviera que recordar. Ese día no accedió a ningún recuerdo de la infancia; simplemente me dijo:

—No necesito ir atrás, no necesito volver al pasado. Todavía no es el momento, no estoy preparada. Aunque siento tanta paz que no quiero salir de este lugar. Siento mucha felicidad, me siento muy querida.

—Desde ese estado de paz, puedes conectarte con tus dones recibidos de vidas anteriores. Los guías espirituales que te acompañaron en el momento de nacer pueden recordártelo ahora.

—Me dicen que tengo muchos dones. Están contentos de verme, pero me dicen que no es el momento para estar ahí. También me dicen que estoy haciendo las cosas bien.

—Volvemos, entonces, al jardín, al encuentro con el Ser Sabio. ¿Qué mensaje tiene para darte?

—Me dice que estoy bien, que queda mucho camino. Pero que no es el momento. Me dice que camine, que yo sé. Además, me dice que me quiere mucho, que soy especial. Todo a su tiempo. Es muy importante la paciencia. Me hace sentir mucha paz.

—¿Quieres hacerle alguna pregunta en especial?

—Sí, ¿qué voy a hacer?

—Respira profundo tres veces y recibe su respuesta...

—No te preocupes, eso no importa, la decisión no importa. Son dos caminos, pero al final es uno, no te angusties, estoy contigo. Los dos caminos te llevan a la paz —le dice el Sabio.

—Pero ¿qué voy a hacer? —insiste Estefanía.

—Mi niña, los dos caminos te llevan a la paz, a la felicidad, al amor y al conocimiento. Tú eres la misma en uno o en el otro camino. La decisión no afecta a tu ser. Aquí puedes hacer mucho bien. Sigue caminando, si no te das cuenta, es porque no es el momento. Recibe mi sabiduría, mi niña, recibe mi paz. Nos volveremos a ver, no te preocupes. Yo estoy contigo.

Al finalizar la sesión, el rostro de Estefanía se mostraba muy renovado, sus ojos estaban radiantes de paz.

Durante la sesión siguiente, me comentó que en los días posteriores a esa regresión se encontró con mucha más energía para realizar sus tareas y, al mismo tiempo, estaba también muy serena, sin el apremio de tener que tomar una decisión ya. Y fue el momento en que me planteó otro de los motivos de su consulta que era su relación con los hombres. Así expresó:

> No consigo relacionarme bien en cuanto a establecer una pareja. Es como si eligiera a los hombres equivocados. No sé. El otro día soñé que una amiga soltera me decía: "No te quedes sola como yo". Me gustaría trabajar este tema.

Estuvimos trabajando sus creencias limitantes con relación a tener una pareja y, después de esto, decidimos realizar una regresión.

Del otro lado del puente...

—Veo un baile... es gente muy rica. Están con frac y las mujeres con vestidos largos, joyas, guantes. Peinados con moños. Es el año 1850, pero no sé en que país estoy. Veo un salón muy grande y una orquesta. Hay mucha, mucha gente. Están celebrando Año Nuevo. Fue un buen año. Están todos contentos. Mi padre organizó la fiesta. Hay mucha gente, siento que no hay lugar. Hay muchos espejos y un jardín afuera. Hace calor. No puedo verme. Sé que estoy en la fiesta. Mi mamá no está en la fiesta. Está muerta. Murió en el parto de mi hermano. Soy la mayor. Tengo veinte años. Mi hermano está en la fiesta. No soy feliz. No sé por qué. No hay ningún hombre que me interese, sólo veo gente bebiendo y riendo. Tengo la sensación de que no soy feliz.

Papá es poderoso, muchos le tienen miedo. Yo no sé en quién confiar. Me molesta la gente que se quiere aprovechar. Hay muchas mujeres interesadas en él. Sólo tengo un hermano varón, pero todavía no puedo verlo. Sé que él disfruta, no le importa nada, no se preocupa. Yo me preocupo de los que se acercan y quieren llegar a papá. Creo que el lugar es Buenos Aires. Papá es muy alto, tiene bigotes, es la moda. No puedo ver sus ojos.

—¿Y tú, puedes verte ahora?

—Yo tengo guantes blancos, un vestido blanco con un moño azul, casi todas están de blanco, zapatos de raso blanco. Estoy afuera en el jardín. No me gusta la fiesta. Hay mucha opulencia, mucho lujo, y afuera hay pobres. No es justo. A mí me gustaría que todo fuera más repartido. Murió mucha gente con la fiebre amarilla. Hacía muchos años que no hacían fiestas tan importantes. Creo que él es estanciero. La relación con mi padre es buena, sé que me quiere mucho, pero piensa muy diferente a mí. Le puedo hablar de esta injusticia social, y él me dice que las cosas son así, que para que haya ricos tiene que haber pobres. Eso me molesta mucho. Tiene mucho trabajo en la estancia. Yo cuido la casa, hay muchos empleados. La casa está en medio de un parque muy grande. Hago bordados, me gusta mucho leer. Me gusta la biblioteca de la casa. Hay muchos libros. Mi hermano es un desastre, no estudia. Debería estudiar abogacía. Yo no estudio, las mujeres no estudian; están en la casa, participan de reuniones. Creo que papá está en la política. Viene gente a casa, hay que atenderlos. Yo me llamo María. Mi padre tiene muchos planes para mi hermano, pero a él no le interesan y se pelean mucho. Yo me siento mal, no me gusta que se peleen.

—Y tu padre ¿tiene algún plan para ti?

—El plan que tiene es que me case con alguien rico, de familia influyente, yo cumplo con el plan. No tengo opción, creo que ya eligió a quien sería mi marido. Yo me escondo para leer en la biblioteca. Me gusta leer sobre política, ciencia, inglés y francés.

—¿Puedes ver algo de la escena del casamiento?

—Hay una cena, están mis suegros, no consigo verles las caras. Estoy triste, no me gusta lo que pasa. Mi hermano no está. Mi padre está enojado porque no vino, porque desobedece; se está divirtiendo por ahí. Es el compromiso. No puedo verle la cara a mi marido. Hay poca gente. Él no es malo y me quiere mucho, no sé si es político. Me trata bien. Tenemos hijas y yo no quiero que pasen por lo mismo. No me gusta la sociedad en que vivo. Quiero que ellas puedan estudiar, que sean independientes y que no dependan de un hombre. Quiero que sean felices.

—Ahora, muy tranquilamente, vas a ir viendo cómo es el último día de esa vida. ¿Puedes observarlo desde arriba? ¿Qué estás viendo?

—Me voy tranquila, anciana. Estoy sola sentada junto a la ventana. Fue una vida mal gastada, me voy con el deseo de que las cosas cambien; de que las mujeres puedan acceder al estudio, al conocimiento, aprender a pensar. Aprendí a obedecer, me hubiera gustado ser rebelde, como mi hermano. Pero él acabó mal, no se casó. Creo que tuvo hijos, aunque no se casó. Me hubiera gustado tener más libertad. Yo no elegía, no quería casarme, no quería estar sometida a otro hombre como estuve sometida a mi padre.

—Vamos dejando este recuerdo de esta vida para ir nuevamente al jardín, al encuentro con el Ser Sabio. ¿Qué mensaje te transmite en esta oportunidad?

—Soy yo la que tengo que decidir. Yo elijo. Nunca es tarde. Tuve otras vidas felices. Me dice que no piense tanto. Él está conmigo siempre.

Al terminar la sesión, me comentó que reconoció que su hermano de la vida actual, con el cual ella tenía mucha afinidad, era ese mismo hermano de aquella vida, y sentía que él en esta vida era muy serio, para compensar su encarnación pasada.

En nuestro siguiente encuentro, ella me contó que se quedó pensando que había nacido en Italia para tener una familia, su padre, madre y sus hermanos. Y su hipótesis era que su tía-mamá, quizá, fue aquella madre que falleció en 1840... Además, me confesó que de niña quería ser egiptóloga y desenterrar ruinas, y se admiraba de que estaba desenterrando recuerdos.

Al cabo de un mes, a partir de ahí, iniciamos una nueva regresión:

> Hay una cena en una casa. No sé quiénes están. Es un salón muy grande, hay una chimenea que no está prendida. Las sillas son altas. Hay muchas cosas en la mesa: platos, flores, copas, un mantel blanco. Veo a mi nieta de veinte años. Tiene el cabello corto, un vestido largo de color *beige*, con brillos, sin mangas, y tiene una pluma en la cabeza y joyas. Se va a casar, pero no me gusta él. No es de buena familia. No sé a qué se dedica él, no es auténtico; sólo quiere el dinero. Yo soy la abuela. Tengo el cabello blanco, estoy de negro, pero no soy viuda. Tengo joyas, anillos y pulseras. Es un compromiso; la situación no me gusta, pero tengo que estar ahí. Es un evento social, familiar.
>
> Mi marido está en la otra punta de una larga mesa. El está comiendo, tiene barba, corbata, cabello blanco, está vestido de etiqueta negra, se dedica a la política. Conservamos la estancia de mi padre. Mi hermano ya no vive: murió joven en un accidente, bebía mucho. Murió antes que papá.
>
> Hay mucha gente; no me gustan los eventos sociales, todo es una apariencia, demasiado lujo. Siento que todos mienten, pero

es mi obligación estar ahí. Tengo que estar. Somos importantes, no podemos faltar. Mi familia tiene mucha influencia en lo social y la política. Mi abuelo y mi padre son de las primeras familias que se instalaron aquí en Buenos Aires. Este compromiso transcurre en un verano de 1920. Europa está en guerra.

Veo a mi nieta sentada a mi lado. Sé que me quiere, pero no puedo evitar este casamiento, sé que no va a ser feliz. Yo me casé por obligación, aunque fui feliz de todos modos. Fue un casamiento social, pero fue bueno. Mi marido ayudó a mucha gente, hizo muchas cosas en el país, fuimos a Europa varias veces y trajo muchas ideas de allá. Me gustó mucho Europa; me gustó París, Italia, Grecia y sus ruinas. Mi marido era diplomático, viajábamos mucho; yo siempre fui con él y los chicos se quedaban en Buenos Aires. Eso no me gustaba, pero teníamos que dejarlos. Tuve tres hijos. Eran todos buenos, rebeldes pero buenos. Yo hablaba francés e inglés, leía los libros de mi padre, me gustaba más que bordar. No fui al colegio. Tenía una institutriz que venía a casa. Siempre estaba con papá, porque mi madre murió muy joven y yo tenía que cuidarlo.

Mi marido me quería mucho. Yo no me quería casar, quería ser una mujer libre. Las mujeres obedecían al padre y después al marido. Pero él se portaba bien. Tomábamos decisiones los dos juntos. Él pertenecía a una familia importante. Mi suegro era comerciante, creo que se llamaba Carlos. A mí me gustaba mucho ir a la estancia de la provincia de Buenos Aires, todo era más tranquilo allí. Me gustaban los animales y no había mucha gente, era un lugar muy grande con árboles alrededor de la casa.

Es una casa de color claro, con muchas habitaciones alrededor de un patio, que está en el medio, pero mi marido hizo un casco nuevo, más grande, con varios pisos. Tiene un nombre, pero no lo alcanzo a ver. Me gusta salir a cabalgar. Hay muchos peones, familias trabajando, hay mucha agua allí, es muy verde todo, hay muchos niños, que no van a la escuela. Yo le digo a mi padre que los niños tienen que aprender, pero él no quiere porque si no, van a dejar el trabajo. Eso no es justo.

Le pregunté si podía recordar el nombre de su padre...

—No, no recuerdo su nombre. Es muy alto y fuerte, y muchas mujeres se quieren casar con él, pero él no quiere. Quería mucho a mi mamá. Mi hermano se queda en Buenos Aires, a él no le gusta la estancia. Después, llega la fiebre, entonces, él no debe quedarse en Buenos Aires, pero aun así no va a la estancia. Papá está muy disgustado porque a él no le interesa nada; no le importa nada. Papá está muy decepcionado. Papá me hizo casar porque tuvo que casarme. Yo tenía muchos pretendientes.

—¿Y qué aprendizaje dejó esta vida para tu alma?

—Termino mi vida tranquila, con mis libros. Mi marido ya había muerto un par de años atrás. Aprendí a ser obediente y paciente.

Le pregunté si podíamos ir regresando al santuario, al jardín, para que se encontrara nuevamente con el Sabio. Éste le dice: "Sigue adelante, estás bien. No tengas miedo a vivir, la vida te lleva. Recibe mi amor. La vida son sólo segundos en la eternidad. Nos reuniremos otro día, aquí, en el jardín".

Después de esta regresión, Estefanía me comentó sobre su amigo Augusto. Ella pensaba que él había sido su padre en su vida anterior. Compartían gustos, por los muebles y las vajillas antiguas. Él era paraguayo y llegó a la Argentina a los seis años, y también se ocupaba de una tía paraguaya que vivía en Buenos Aires. Ella seguía preocupada por la depresión de su hermano y también Augusto, él es como de la familia.

> Una vez tuve un sueño donde percibí claramente que Augusto tenía miedo al compromiso de una relación. Siento que debo respetar mis sueños. Un año antes de venir a la Argentina, tenía sueños muy angustiantes, parecía que éstòs me estaban indicando que tenía que volver, y yo no les presté atención a esos sueños. Pienso que si hubiera llegado antes, tal vez, las cosas hubieran sido diferentes. Quizá, mi tío-papá estaría vivo...

Hay veces que, en el estado del sueño, podemos percibir ciertas situaciones que mientras estamos despiertos o en estado de vigilia se nos pasan inadvertidas. Es como si estuviésemos dormidos frente a ciertas realidades. El sueño nos despierta, aunque suene paradójico. De todas maneras, plantearse lo que se hubiera podido hacer o decir ante lo inevitable de algo ya consumado –en el caso de Estefanía, la muerte de su tío-padre–, simplemente, es útil para estar atento la próxima vez que se presente una situación similar; y es importante aceptar que lo que se hizo en ese momento era lo mejor que se pudo haber hecho, justamente, en ese momento. Por algún motivo, sus tíos-padres no llamaron solicitando su presencia, fue por alguna razón. Ella alcanzó a venir y pudo estar unos meses con su tío-padre y así se pudo despedir.

Estefanía recordó, en esa sesión, que su padre-tío le aconsejó antes de partir: "Pon agua de por medio entre tu madre (tía) y tú, si no ella no te dejará vivir"...

Acordamos realizar una nueva regresión. A través del espejo del tiempo, ella contó:

—Veo una reunión, está mi hija. Hay mucha gente. Es muy grande el salón. Es una boda. No puedo ver cómo estoy vestida. Veo a mi hija. Es la boda de mi nieta. Hay un parque afuera. Yo no estoy ahí. Estoy en mi casa. No estoy de acuerdo con la boda, porque mi nieta va a sufrir mucho. Veo que ella está feliz ese día, pero le va a ir mal, va a sufrir. Es muy bella, es inteligente, pero él no la quiere, él sólo busca escalar posiciones, quiere entrar a la sociedad y la está usando. Ella no se lo merece, es una buena chica. Ella está enamorada, él le dijo muchas mentiras, que la quería, que le importaba... Se nota que es un mentiroso. A mi hija también la engaña. Mi marido está conmigo. Mi yerno trabaja mucho y no se preocupa de esas cosas. Pude hablar de esto con Carlos, mi marido, él tampoco está de acuerdo. No podemos hacer nada. Queríamos que esperara, pero ella no quiso, quería casarse. Cree que es lo único que puede hacer una mujer; no quiso estudiar. Hay mujeres en la universidad, pocas, pero hay. Ella no quiso ir. Es única hija.

—¿Puedes ver qué sucede con tu nieta unos cinco años más adelante?

—Tiene dos hijos, pero está triste. Él tiene una amante. Se sabe, sale todas las noches, bebe y juega. No puedo ayudar a esta nieta. No puedo verle los ojos, no viene a visitarme. Ella sabe que yo tenía razón y que no me hizo caso. Carlos ya no está. Mi hija se da cuenta y habla con ella. Le dice que no quiso prohibir ese casamiento, que pensó que iba a ser feliz. Mi hija se siente culpable y trata de apoyarla. Mis bisnietos son pequeños. Le dije a mi nieta que se viniera a vivir conmigo, pero no quiere. Ella sigue enamorada de él. A ella no le importa. No quiso esperar, se apresuró demasiado, era muy joven e inmadura. Yo quiero que lo deje, pero a ella le importa lo que pueda decir la sociedad. Ella quiere mantener las apariencias, aunque todos saben lo que pasa. Sólo se engaña a sí misma.

Tengo más nietos, ella es la mayor. Mi hijo tiene varios hijos. Él es como su abuelo, como mi padre. Él va y viene a la estancia. Le gusta el campo como a mí. Él es feliz, se llama Carlos, como mi marido. Se casó bien, con una chica de la sociedad, se quieren mucho. Yo lo dejé que eligiera. Él es el pequeño y siempre viene a verme y a contarme cómo van las cosas. Él no se mete en la historia de su hermana. Se preocupa por sus hijos. Él quiere mandar a su hijo mayor a estudiar a Inglaterra, y yo no quiero: las cosas ya no son iguales después de la guerra. Al final, no lo manda. Mi nieto no quiere ir. Él es del campo y no quiere estudiar mucho; aunque yo le digo que estudie, que cuanto más sepa, mejor.

Extraño mucho a Carlos, éramos muy unidos. Las cosas cambiaron en algo. Las mujeres tienen más oportunidades, pero igual las cosas no andan bien; la economía, la educación, poco se estudia... y la educación debería ser lo más importante, hay muchos analfabetos. Es importante la educación para que una persona gane respeto.

Yo sólo quiero que mi familia sea feliz, no importa lo que hagan, no importa el trabajo que realicen, mientras que sean honestos, educados y felices.

—¿Qué harías si volvieras a nacer?

—Si volviera a nacer, estudiaría, sería independiente, me volvería a casar con Carlos. Hay mucho para hacer. El mundo tiene que cambiar. Las cosas no están bien. Me ocuparía de la educación. Carlos me está esperando. Estoy tranquila. Se fue la tristeza.

—Es hora de ir regresando al jardín para encontrarte nuevamente con el Ser Sabio y humilde. ¿Qué mensaje te transmite en esta oportunidad?

—Carlos y yo somos almas muy antiguas, llevamos juntos muchas vidas. Pero, en esta vida, debo hacer nuevas relaciones; aunque Carlos es mi alma gemela, él no está aquí en este momento. Está lejos, en otro plano. No es el momento para que nos encontremos ahora, aquí. El Sabio me dice que no tenga miedo, que no me va a pasar lo que le sucedió a mi nieta. Mi nieta tenía una deuda de una vida anterior en su alma con ese hombre. Venimos a aprender, y la mejor forma de hacerlo es la experiencia, por eso ella debía pasar por ese sufrimiento. Me dice que tenga paciencia y fe en los hombres, en el ser humano. Las cosas van a cambiar, pero de a poco. Hay mucha gente positiva.

Las palabras del Sabio fueron:

—Estás haciendo las cosas bien. No te preocupes por tu madre; si se enoja porque vas a Italia, es su problema. Ella ahora no se da cuenta de ciertas situaciones. No entiende las cosas importantes. Es un alma muy joven y aún tiene mucho por vivir. Tú eres un alma antigua, has pasado muchas existencias, has conocido la pobreza y la riqueza. No te falta mucho para llegar al final.

—¿Y después? —le preguntó Estefanía.

—Ya lo verás... Te entrego mi paz. Sigue adelante. Estoy contigo siempre.

Estefanía dejó el consultorio y se llevó la paz consigo. En nuestro encuentro siguiente, ella empezó a hablar:

Estoy muy preocupada por la depresión de mi hermano. Ya le mandé el libro *Muchas vidas, muchos maestros,* del Dr. Brian Weiss, espero que lo lea. Antes de hacer mi última regresión yo me sentía muy culpable por ser afortunada; veía la desdicha de otras personas y me sentía impotente. Ahora entiendo que cada uno tiene que pasar por distintas experiencias para aprender determinadas lecciones. De esta manera, puedo expresar mi agradecimiento, en vez de sentir culpabilidad, y voy a pensar en qué puedo ayudar para favorecer la educación.

Me llama la atención que en mi familia nadie vive en pareja. Solamente mi hermano mayor se ha casado y tiene hijos. Está separado hace cinco años. Mi hermana mayor, ¡qué curioso! Tuvo un novio argentino durante diez años, pero no lo había contado hasta pasados los cinco años del noviazgo; ella esperaba casarse cuando yo viajara a Italia, pero luego la relación terminó. Me gustaría mejorar la relación con mi hermana. Ella me habla sólo con monosílabos. Tenemos una diferencia de diez años. Ella tuvo muchas dificultades en la vida, pero pudo enfrentarlas exitosamente. Es una funcionaria pública, se compró su propio departamento. A veces, pienso que envidia mi estilo de vida independiente. Pero es tonta la envidia. Yo siempre le hacía regalos para su cumpleaños, y ella no me regalaba nada. Por lo pronto, estoy dispuesta a viajar a Italia por un mes para resolver el tema del alquiler de mi departamento allí y visitaré a mi familia. Quiero encontrarme con el resto de mi familia, sobre todo con mis hermanos. Ya le avisé a mi madre de Italia, y ella me preguntó: "¿Cuándo vienen?..." Pero no hubo forma de convencer a mi tía para viajar, y decidí romper el hábito de la sumisión a sus manipulaciones y estoy organizando absolutamente todo para que esté bien cuidada durante mi ausencia, así puedo viajar tranquila. Ahora recuerdo que un médico me dijo una vez que ella no estaba tan mal, que usaba su estado depresivo para manipularme. En realidad, también la culpa ha sido mía por malcriarla y hacer todo lo que me pedía... ¡Ni siquiera va a comprar el pan!

Cuando practicamos una nueva regresión, ella percibió al Ser Sabio espontáneamente en el jardín, que le transmitió:

—Tú tienes todas las respuestas dentro de ti. Eres un alma muy antigua. Has pasado muchas vidas. Ve paso a paso. Faltan pocas vidas. Después de eso… Paz. Descubrirás cómo es ese lugar de paz. Todo tiene su momento, cuando sea necesario, te lo haré saber. No estás sola en tu voluntad de querer hacer el bien. Si bien hay mucha maldad y egoísmo, el mundo necesita tocar fondo para cambiar. Pero nada serio pasará. Todo se puede arreglar. La herramienta más importante es que la gente tome conciencia.

—¿Hay algo que yo pueda hacer para colaborar con esto? —le preguntó al Sabio.

—Ten pensamientos positivos y fe en el hombre, en la humanidad. Estoy para ayudarte y cuidarte. Siempre estoy contigo —contestó el Ser.

—No hace falta siquiera que lo perciba. Yo sé que está ahí.

—Has aprendido mucho, sin repetir demasiado. No tienes deudas pendientes. Sin embargo, hay algunas almas de otras vidas y de ésta que tienen deuda contigo por haberte ocasionado daño y sufrimiento. Ellos deben aprender del daño que causaron a los demás.

—Yo los perdoné.

—Tu perdón no hace que el karma de ellos sea más leve. Lo importante es que aprendan. Tu perdón también te incluye a ti, a tu empatía —replica el Sabio.

—¿A qué más favorece mi perdón?

—A tu crecimiento. Te entrego una luz clara para que guíe e ilumine tu camino hacia el conocimiento, la sabiduría.

—¿Qué pasa con mi hermana? ¿Por qué no puedo llevarme bien con ella?

—Es una de las almas que está en deuda, pero todavía no se dio cuenta. En su vida anterior, ella era una de tus amigas, quería casarse con Carlos, pero él te eligió a ti. La envidia no la dejó vivir y está repitiendo lo mismo.

—¿Hay algo que yo pueda hacer?

—Simplemente, envíale tu amor. Ella tiene que abrir su corazón y aprender a perdonar. Todavía tiene tiempo de cambiar, pero, si no lo hace, cuando haga el recuento de su vida, tendrá que volver a repetir.

—Entiendo, mientras no nos damos cuenta de aquello en lo que nos equivocamos tenemos que ir repitiendo el curso. A veces, siento que no encajo en el mundo que me rodea...

—Es que eres un ser espiritual, y muchas personas están muy aferradas a los bienes materiales. Ése es el mal del mundo. Es necesario despegarse de lo material.

—¿Llegué a conocer a Jesús?

—Sí, has aprendido mucho con él. Te marcó mucho sus enseñanzas, no muchos las comprendieron, y algunos las han desviado. Ahora tú debes seguir adelante, sigue la voz de tu conciencia, que todo estará bien hecho. Recuerda que estaré contigo, protegiéndote siempre. Todo a su debido momento. Hay que estar preparado para lo que tiene que pasar.

Después de esta sesión, le sugerí a Estefanía que ella también debía intentar un cambio de actitud con relación a su hermana. Si quería una comunicación diferente de parte de ella, había algo que estaba llamando a una modificación de ambas partes. Recordé, entonces, una oración que dio un monje, Bimalananda (discípulo directo de Yogananda, que aún vive), durante una charla con un grupo de devotos en una convención. La oración estaba orientada a aquellas situaciones en las que ciertas personas quieren hacer un cambio y, aunque saben que es imperioso hacerlo, no lo pueden llevar a cabo o intentan y no lo pueden sostener:

Padre Celestial, que sean los pensamientos y las ideas de ... (nombre de la persona), *los que quieran cambiar.*

Estefanía estaba dispuesta a partir con la esperanza de un renovado encuentro. Cuando llegó a Italia, notó que su hermana estaba más perceptiva, con una actitud diferente. A su regreso me contó:

> Pudimos compartir varias salidas juntas y ella estaba más abierta. Seguramente, yo también estuve mejor con ella y propicié buenos encuentros. De todos modos, me di cuenta de que es una familia que no se comunica, no aprendieron a expresarse. Yo tuve suerte de venir a la Argentina y que, de pequeña, mi padre-tío me hablara mucho; y pude desarrollarme en un ambiente de respetuosa comunicación, donde pude decidir libremente la carrera que me gustaba y logré ser independiente. Si me hubiera quedado en Italia, obviamente, no sería la persona que soy hoy.
>
> Mi hermano me confesó que el mayor motivo de su depresión era que a él no le gustaba enseñar, y le sugerí que tuviera el coraje de ver qué es lo que le gustaría hacer y que cambiara de trabajo.
>
> Mi madre-tía se desenvolvió muy bien, hasta fue al odontólogo sola, en colectivo, sin ningún problema. Obviamente, la he malcriado y mi rol de sumisión era tan antiguo que me resultaba fácil complacerla. Ahora, me voy a focalizar en hacer lo que me conviene, voy a prestarle más atención a mi intuición y voy a involucrarme en algún proyecto social, ya que ése es uno de los motivos importantes por los cuales estoy en la Argentina. Esta inquietud ya tiene muchos años...

Tal vez, kármicamente, el problema de paladar que Estefanía tuvo de pequeña fue suficiente para participar del problema de incomunicación familiar, pero claramente su deseo del alma de volver a la Argentina la trajo de nuevo hacia estas orillas ya conocidas, y le ofreció a su tía la posibilidad de ser su mamá.

A veces, no entendemos por qué suceden las cosas, y el transcurso de los años nos muestra que eso que nos parecía terrible en un determinado momento se transformó, luego, en una gran oportunidad. Aprender a esperar: el gran desafío en este mundo donde todo debe ser "ya".

Capítulo 12

Mi abuelo José, mi amiga Irina, Jimena y Alan. La muerte como oportunidad hacia una nueva vida

La muerte no es algo que haya que temer.
De hecho, puede ser la experiencia más increíble de la vida.
Sólo depende de cómo se vive la vida en el presente.
Y lo único que importa es el amor.

Elisabeth Kübler-Ross

He comprobado la verdad de estas palabras, tanto en la partida de mi abuelo paterno, José, como con mi amiga Irina y también la han experimentado mis pacientes Jimena y Alan.

Quince años atrás, mi abuelo, de noventa y cinco años, tuvo un problema intestinal por el cual tuvo que estar internado en terapia intensiva. Él era muy vital, tenía mucha fuerza, y yo notaba que su extensa estadía en terapia lo estaba perjudicando en su lucidez. Un día, fui a visitarlo y estaba atado: no lo pude soportar; y, después de pelear con el médico de terapia intensiva donde estaba internado, firmé la autorización correspondiente por la que me hice cargo para llevarlo a su casa. Procuré que recibiera los cuidados de un médico gastroenterólogo que lo iba a visitar a su domicilio. Así pasó sus últimos tres meses de vida con la lucidez y el buen sentido del humor, que siempre lo caracterizó, y estuvo rodeado de sus seres queridos.

Una semana antes de partir, pude ser testigo de su relato respecto a la visión que él estaba teniendo del otro plano espiritual, que lo estaba esperando, y me dijo:

> Veo rosas rojas y blancas alrededor de un lago... Veo mucha gente vestida de blanco, me extienden sus manos, me están recibiendo, son muchos, hay niños y grandes. También veo a *mame* —mi abuela, que había fallecido hacía veinte años—; está linda, está contenta, está mejor que yo. Veo entrar una paloma blanca por la ventana. ¡Ah!... —Suspira con alivio—. ¡Me siento tan bien! Estoy tan sano, puedo ver todo, claro que la veo a *mame*, ella está tan feliz, veo cómo se sonríe... Yo estoy muy bien...

Le pregunté, entonces, cuál había sido el recuerdo más lindo de su vida; así fue que empezó a contármelo:

> Cuando era chico, mi mamá preparaba un altar en el campo, y salíamos a rezar todas las mañanas junto con mis hermanos. ¡Qué feliz que era! Por suerte, pude hacer lo mismo con mis hijos.

En ese momento, empezó a cantar una canción en alemán, que nuncas antes le había escuchado cantar. Mientras las lágrimas corrían por sus mejillas, su rostro expresaba una conjunción de alegría, paz y añoranza.

Ese hombre que trabajó en el campo desde pequeño, que ayudó a construir la iglesia de San José, en La Pampa, para luego elevar sus plegarias a Dios en el coro, que curaba gente, que animaba los casamientos del pueblo con su acordeón, y aun sin saber leer ni escribir, fue realmente exitoso en su vida: fue feliz y pudo hacer felices a otros.

De la misma manera en que vivió, se despidió de este mundo dos días después de nuestra conversación, sintiendo nuestro amor y el amor de los seres que lo estaban esperando del otro lado del umbral.

En el caso de mi amiga Irina, quien padeció un melanoma, durante una de las visitas que le hice al hospital, me dijo:

> Cuando me vaya, me iré en paz, estoy en paz. Ya le dije lo mismo a mi esposo. No hay nada de lo que sentirse culpable. Han hecho todo lo que se podía hacer. Te agradezco tu amistad.

En esa visita, fue inesperado para mí escuchar sus palabras de despedida. Las personas que están por partir saben cuando se acerca el momento, pero, a veces, nosotros no estamos preparados para escucharlo. Pero si podemos escuchar, es muy importante tener una presencia de ánimo que permita acompañar ese momento final. Lo que le pude contestar fue:

> Tú también hiciste todo lo posible. Ha sido un honor para mí ser tu amiga y estoy segura de que nos volveremos a encontrar... Tenemos que acordar una contraseña para darnos cuenta. Te agradezco tu dulzura, tu compañía en los momentos importantes. Nos quedó pendiente el viaje a Córdoba...

Unos días más tarde, mientras yo estaba de pie, al costado de su cama, ella estaba con los ojos cerrados. En determinado momento, comencé a notar que en su rostro se dibujaba una sonrisa especial. Le pregunté cómo estaba; ella abrió sus ojos y miraba hacia su derecha diciendo: "Estoy muy bien, estoy viendo a mi ángel, está rodeado de una luz amarilla. ¡Cuánta luz!". Su mirada, su rostro, su sonrisa, toda ella estaba rodeada de un halo angelical. Esa presencia era verdadera.

En menos de una semana Irina estaba partiendo con conciencia, con amor, con paciencia, esperó a que sus hermanos llegaran del exterior y se despidió con la misma integridad con la cual había vivido.

Sin duda, de todos los sufrimientos de esta vida, la pérdida de nuestros seres queridos es la que genera una pena extrema, y este dolor en el alma hace que muchas personas se acerquen en búsqueda de un entendimiento, una explicación o un nuevo sentido a la vida, que ha perdido todo interés de ser vivida ante la ausencia del ser amado.

- Uno de los beneficios más importantes que proporciona la *TRVP* es que le permite al paciente tener una idea diferente con relación a la muerte. Ofrece consuelo. El paciente deja de temer y comprende y acepta la pérdida del ser querido desde otro punto de vista. Tal como lo expresé en capítulos anteriores, estamos unidos, conectados, por las vivencias de alegría y dolor. Es por esto que espero que si tú, que estás leyendo este libro, has tenido que vivir la pena del adiós, puedas encontrar, en este capítulo, ese solaz de esperanza que actuará como un rayo de sol en una tarde de otoño, y dará un poco de calor a tu afligido corazón...

Volviendo ahora a los casos clínicos, presento a Jimena, una mujer de cincuenta años, una verdadera gerenta general de su hogar. Madre de ocho hijos, que combina su generosidad con su habilidad para poner límites firmemente, de manera admirable. Su ginecólogo le recomendó leer la obra *Muchas vidas, muchos maestros*, cuando Jimena perdió a una de sus hijas, Constanza, de veintidós años, como consecuencia de una patología pulmonar que sufría la joven. Desde ese entonces, Jimena sufría de claustrofobia cuando viajaba en avión.

Ella participó del *workshop* que dio el Dr. Weiss en Mar del Plata, en 2006. Allí pudo recordar la experiencia de estar en el vientre materno y pudo evocar recuerdos de otras vidas del año 1700, aproximadamente, en los que reconoció a su padre y amigos de esta vida como seres con los cuales ya había estado compartiendo vivencias en aquella época.

Nuevamente me encontraba, dos años después, con uno de los quinientos participantes de aquel *workshop*, para ser testigo de sanación de una relación de madre e hija.

Pasada la primera sesión, en el siguiente encuentro, Jimena me comentó que ella no solía recordar sus sueños, pero que, después del fallecimiento de Constanza, pudo tener un vívido sueño con ella. Muchos otros pacientes que han perdido a sus seres queridos han relatado que, pasado un tiempo, sueñan con ellos, con gran nitidez los ven, a veces, más jóvenes; les hacen saber que están bien; los toman de la mano o les dan el abrazo que quedó postergado en una despedida abrupta. Estos encuentros, que se producen en sueños, otorgan gran consuelo y paz a sus corazones.

Tres años atrás habían realizado un viaje a Mendoza y pasaron por un lugar llamado el "Pozo de las Ánimas", ahí se encontraron con una pequeña gruta en la que había una imagen de la Virgen de Lourdes, ella, en ese lugar, sintió un claro mensaje de que su hija Constanza se encontraba bien. Pero no sólo ella tuvo esta sensación, también su hijo mayor compartió la misma vivencia en ese momento.

Llegó el día que íbamos a realizar la regresión. Jimena, después de haber logrado una profunda relajación, comenzó a relatar algo relacionado con un recuerdo de su infancia:

> Estoy en el campo, entre árboles de frutas. Está mi mamá, también veo a mi papá con una manzana en la mano. Voy a la casa de enfrente. Hay un chico, y se abalanza el perro y me muerde en el labio. Gritan, pero no sale nadie; y yo estoy en brazos de papá y luego me llevan al hospital. Me curan. Estoy jugando en casa, paseando. Huelo el perfume de alcohol sobre la cama. Estoy en un cuarto grande, con las muñecas y pañuelos. Me arde el labio. Entra mi mamá y me sorprende jugando, tirando todo arriba de la cama. Me abraza, iba a retarme, pero me abraza y me besa, siento que me ama, me siento protegida. Tengo cuatro años.
>
> Estamos en el tren, volvemos. Mi mamá llega con un bebé en brazos, es mi hermano. Lo amo. Se enferma y pasa noches enteras de llanto, no sé qué hacer... Mi mamá no duerme; él está lleno de cositas rojas en la piel, tiene una especie de ecze-

ma, la gente lo rechaza porque está así. Me duele y me enoja, jamás contagió, pero la gente no lo entiende. No puede comer pescado porque es alérgico. No quiero que le pase nada a mi hermano, jugamos y nos divertimos, aunque yo lo mando y él acepta todo hasta que se enoja y tira la pelota. Recuerdo también cuando yo tenía siete años y jugábamos a las cartas con mi abuelo Joaquín, mi hermano tenía tres años y hacía trampa, y eso me enojaba.

Luego, le propuse a Jimena que pasáramos a recordar las vivencias dentro del vientre materno.

No estoy cómoda, estoy sentada. Hay confusión, nos llevan a una sala grande, escucho voces, ruidos de metal. Empieza a asomar mi cola, interrumpen algo, no se qué es, necesito salir, algo me ahoga. Salgo, hay dos vueltas de cordón en mi cuello, me molesta, necesito aire, ya está... me siento mejor. Estoy sola, veo caras, no sé quiénes son. Mi mamá está en otro cuarto, no dejan que me vea. Yo estaba ahogada y no podía respirar. Ahora estoy dormida en sus brazos, pero como nací con mucho peso me llevan a pesar a otra sala, como si me estuvieran mostrando. Otra vez estoy con mi mamá, me transmite paz. No quiero tomar pecho, insisten, pero no quiero; tengo hambre, pero no quiero pecho, me engañan con algo que tiene gusto dulce. Hay una botella, como una mamadera, me gusta, me calma. Estoy cómoda y tranquila.

Terminado este relato, Jimena estuvo de acuerdo en que fuéramos más atrás en sus memorias, entonces relató:

—Estoy entrando en una casa con escalera, riéndome con mi hermana. Tengo un sombrero con cinta azul y un vestido largo azul y beige, que me marca el busto, que tiene una hilera de botones.

Fabián me abre la puerta, me alegra el corazón, es un primo lejano, pero yo lo amo. Tiene un traje raro... Hace frío y me cubre con una manta. Tengo hecho un peinado con moño. Él está preocupado por mí, no sé por qué. Una mujer trae una bandeja, me hace tomar algo feo con una cuchara. Ahora me da té. Fabián me mira. Yo no puedo hablar. Me encanta que me mire. Solamente me dice: "¿Por qué saliste con este frío?". No puedo contestarle, lo miro. Entra mi hermana a molestar y quiere hacerle escuchar una música que toca en el piano, encima canta, ¡Sofi, basta! Él la escucha atentamente, es tan caballero. Se acerca, me toma la mano y me dice que no me preocupe, que ella es chica todavía. Está sentada en un sillón con diecisiete, dieciocho años, mi primo es un poco mayor. Tiene ojos hermosos, ¡Fabián!

—¿Cómo te ves unos años más adelante?

—Unos diez años más adelante, me veo en un lugar, un edificio, frío, grande, hay una cruz, veo gente con guardapolvos blancos, yo estoy vestida de blanco y llevo algo en la cabeza, con una cruz roja. Hay ruidos, gritos, mucho dolor. Es un caos, hay una guerra, siguen entrando más y más. Me llaman por mi nombre con voz tenue, frágil, "Maggie", no veo a nadie en particular, hay tantos... Hay olor, cansancio, me toman de la mano, alguien que me pide que lo ayude, no puedo hacer nada. ¡Cuánto dolor, cuánta soledad! Estoy cansada, hay mucha sangre. Ayudar es lo más importante en la vida de Margaret.

Ahora me despiertan. Ahí está él con una taza de café. Veo que sus ojos son dulces, buenos, me dan paz, son los ojos de Fabián, hablamos... Apoya la taza de café en un recuadro de la ventana, me abraza. Ya no estoy cansada. No siento miedo ni soledad, estoy feliz, a pesar de que todo alrededor es caótico y de que hay tanto dolor. Me da más fuerza para seguir ayudando.

—¿Puedes ver cómo es el último día de la vida de Margaret?

—Veo la montaña, una casa en la montaña. Estoy muy cansada. Estoy en un sillón afuera, veo a mis hijos, mis nietos y a mi marido que ya había fallecido antes, él me llama y yo lo veo. Ahora tengo paz, estamos juntos otra vez. A través de las montañas llega una luz hermosa, cálida, atravieso esa luz, pero no soy yo, es una parte de mí. Mi cuerpo quedó en ese sillón, sereno, y la otra parte se fue con él, estamos juntos otra vez, hay mucha luz, calma, mucho espacio, con una vibración constante. Me llevé de esa vida amor, solidaridad, ternura, entereza. Veo que la que más llora es mi hija. Le diría que no tiene por qué llorar, porque yo estoy en mi lugar de paz. Siempre voy a estar a su lado, siempre la voy a proteger, porque nuestro amor seguirá por siempre. Nadie podrá destruir ese amor.

—¿Hay algo más que recuerdes de este momento?

—No.

—Volvamos, entonces, a la escena del jardín, donde podrás visualizar o imaginar la presencia de un Ser Sabio que quiere trasmitirte un mensaje después de que hayas recordado estas escenas. ¿Qué mensaje recibes del Sabio?

—El sabio me dice: "El amor lo cura todo. La paciencia y la honestidad son las fortalezas de la vida. Nunca bajes los brazos. Ninguna ni muchas guerras podrán destruir el amor que uno tiene en el alma y que es capaz de dar y recibir".

Después de que abrió sus ojos, Jimena me comentó que en la escena del piano había alguien cantando y lo reconoció como el novio actual de su otra hija, Marisol, que canta en varios coros y es el nuevo integrante de la familia, alguien que trae mucha alegría con su música.

Fue muy conmovedor y, al mismo tiempo, le dio mucha serenidad ver a sus hijos en la escena de su partida; aunque la imagen más nítida fue cuando Jimena reconoció, en los ojos de aquella joven que estaba sentada sobre la cama despidiendo con lágrimas a su madre, la mirada de Constanza, su hija de veintidós años que había perdido en esta vida.

Jimena se fue del consultorio con mucha tranquilidad, recordando que también Constanza estaba en su lugar de paz. Le produjo mucho alivio saber que había estado anteriormente con su hija, en otra vida, y que se había cumplido el ciclo natural por el que los hijos sobreviven a los padres. Ahora, aquella promesa de amor y cuidado sigue vigente a través del tiempo. En cuanto a su claustrofobia, al mes de realizar la regresión, viajó en avión sin ningún inconveniente.

Las lágrimas de Jimena en esta vida, por la partida de su hija se asemejan ahora a las gotas de rocío que se posan sobre las rosas, avivando la fragancia del amor incondicional.

Pozo de las ánimas, Mendoza, Argentina

Con relación al cambio de vivencia respecto a la muerte, otro caso interesante es el de Alan. Es médico cirujano, tiene cuarenta y cinco años, es divorciado y tiene dos hijos varones mellizos adolescentes y una hija de diez años. Cuando le pregunté cómo se definiría a sí mismo, se definió como una persona ansiosa, que necesitaba darle importancia a las cosas, que estaba buscándole un nuevo sentido a la vida. Había sido bautizado como cristiano, creía –y cree– en Dios. Había practicado meditación por un tiempo y también la técnica de retrospectiva antes de dormir.

En la consulta, además, me contó que tenía sueños reiterativos sobre la Segunda Guerra Mundial y que no podía escuchar el sonido de la sirena de los bomberos. Hacía un año que tenía episodios de apnea en el sueño. Muchas veces, como le costaba conciliar el sueño, necesitaba acudir a alguna medicación, que deseaba dejar.

En uno de sus sueños reiterativos se veía en un campo francés, desde allí veía una torre con humo y cómo caía un avión, sentía que era un prisionero. Me contó, luego, que cuando tuvo la oportunidad de visitar el museo de los inválidos, en París, percibió una extraña familiaridad, que también notó en el museo de Londres, al ver los tanques nazis, las vestimentas. Él se sentía atraído por ese momento histórico.

En nuestra segunda sesión, me explicó que sentía un vacío, que había algo que faltaba en su vida, y sabía que ese vacío no se iba a llenar con algo externo, sino que tenía que buscar en su interior.

Cuando practicaba los ejercicios de respiración, percibía mucho la contracción del miocardio. Sus sueños eran siempre de guerra y se daba cuenta de que su dificultad para dormir estaba asociada al miedo a dejar la vida.

Alan pensaba que las regresiones podían ayudarlo, pero, al mismo tiempo, dudaba de que pudieran hacerlo. Le recordé, entonces, que esta terapia implica un proceso, y que continuara con los ejercicios de respiración y con el disco de meditación del Dr. Brian Weiss.

En el encuentro que siguió, comenzamos con la primera regresión y relató recuerdos de su infancia:

> Estoy en una quinta, en Vicente Casares, provincia de Buenos Aires, con mis primos, cuando tenía seis años. Llevo puesta

> una camisa a cuadros, estamos jugando a la pelota y eso me divierte. Me divierte jugar; jugamos y nos divertimos.
>
> Me gusta nadar en la pileta, pero más me gusta la pelota. También jugamos a la bruja. Buceamos con los ojos cerrados y hay que atrapar a alguien, y cuando lo atrapan, éste tiene que atrapar a otro; hacemos trampas y discutimos. A mi prima le pica una abeja, le ponemos cloro y la vendan, y ahí paramos de jugar.

Luego, lo invito a recordar sus vivencias en el vientre materno; él me contó que sentía sus manos muy calientes. En cuanto a sus vivencias del primer día de vida, describió:

> Me siento mejor, mi mamá se ríe, se siente bien, yo me siento bien. Mi mamá está más joven y narigona. Mi papá tiene pelo y está contento. Están felices. Soy el primero. Veo a mi abuela con anteojos negros, que me quiere mucho. Siento paz —en este momento, suaves lágrimas corren por sus mejillas.

Opté por sugerirle que fuera más atrás en sus recuerdos y, cuando se encontró frente al espejo del tiempo, contó esta experiencia:

> Me voy para arriba, muy arriba, muy arriba, estoy flotando, no me dejan ver. Mi ángel me dice que no estoy listo para ver mi vida pasada. Sin embargo, veo las estrellas, la tierra está lejos. El ángel me sigue hablando, pero no lo entiendo, murmura. No me va a dejar recordar, no sé por qué. El ángel me tiene de la mano, yo no me caigo, él me sostiene. Me dice que estoy muerto. Ahora, el ángel me toma de las dos manos, me muestra el cielo infinito, es infinito, es infinito..., no termina nunca. Me voy, el ángel no está. No soy nada, estoy acá de vuelta.
>
> Ahora, veo el mar, creo que me ahogué, creo que estaba en un barco. Se va el barco, no estoy muerto. Es un barco viejo, no estoy muerto. ¿Por qué me dejaron mis amigos? Hay maderas rotas, pero no estoy muerto; tengo que salir, tengo que nadar.

Hay una luz amarilla, está arriba a l*a izquierda. Ahora ya estoy de vuelta aquí.*

Volvimos, entonces, a visualizar el jardín para que se encontrara con el mensaje del Sabio. No me pareció prudente hacer ninguna pregunta, ya que había dicho que su ángel no le permitiría, en esta instancia, recordar su vida pasada. Era suficiente que hubiera experimentado el infinito...

El Sabio me dice que «no todo lo que brilla es oro». Que no tenga miedo. Que sienta el amor. Su presencia me transmite respeto, sabe mucho. Me dice que preste atención al mundo. Yo le pregunto «¿quién me va a guiar?» Me vuelve a decir que le preste atención al mundo y que él me va a guiar. El guía a mucha gente, ya lo hizo antes. Me sugiere que me concentre en él. Es un Sabio todo blanco y tiene un bastón de madera.

Alan se fue del consultorio impresionado por él mismo, por la calma y serenidad que sentía en su ser. Cuando regresó, en la sesión siguiente, me contó que durante la regresión que había realizado, él estaba repitiéndose mentalmente todo el tiempo que no lo iba a lograr. Era como una lucha interna hasta que, finalmente, se entregó a la relajación. Así lo expresó:

... En un momento, hasta tuve la sensación de haber dejado de respirar, de estar con la boca abierta, como que todo era sólo puntos blancos y uno se fusiona, allí, con ese plácido infinito. Esta experiencia me hizo perder el miedo a la muerte.

Al día siguiente de la regresión, volví a mi práctica profesional y tuve que realizar dos operaciones de riesgo, y estuve más relajado y confiado mientras operaba, sabiendo que estaba siendo guiado. Pedí ayuda y las operaciones salieron muy bien. Siento que no estoy solo.

Estoy dejando de correr tanto y disfrutando más detenidamente de los momentos de la vida. Gané conciencia; algo pasó, algo

> se movió, y pienso antes de hacer las cosas, pienso en las consecuencias. Estoy más tranquilo e intuitivo.
>
> También estoy sorprendido que antes de ayer pude dormir bien, por primera vez sin necesitar medicación. Me costaba dejarme morir, quise decir «dormir»... —Nos reímos de su fallido.
>
> Tengo que entrar más dentro todavía de esa calma oscuridad detrás de los ojos cerrados. Por primera vez en muchos años, pude dormir sin temor a morir. Ya no sueño más con la guerra. Algo pasó desde que experimenté dejar mi cuerpo y me sentí en todo ese infinito. Algo pasó entre mi cuerpo y yo. Me di cuenta de que mi ser es más que este cuerpo y que mi existencia no termina con la muerte.

Para finalizar, quisiera despedirme contándote que, cierta noche, mientras estaba en el proceso de escritura de este capítulo, tuve la imperiosa necesidad de escribir la poesía que da cierre a este libro. Luego, esa noche soñé con Tamara, una amiga de Irina y mía, quien me mostraba, en el sueño, la casa de sus abuelos paternos, ella era una niña. Dos días más tarde, Tamara me llamó para avisarme que su padre había fallecido. Decidí contarle mi sueño, y ella me dijo que la descripción del lugar de esa casa coincidía con la casa de sus abuelos. Le leí, entonces, la poesía que había escrito antes del sueño: ése fue el consuelo que pude ofrecerle en ese momento, por teléfono. Mi deseo, ahora, es que pueda serlo para ti, si tu corazón necesita sanar el dolor de una despedida...

¿Por qué corremos?
Porque la muerte nos persigue.
Es lo más cierto que sabemos desde que nacemos,
lo que más tememos,
de lo que más huimos,
y lo más incierto,
en cuanto al momento que llega a nuestro encuentro.

Una vez allí, la entrega de las posesiones
acumuladas o soñadas
y la entrega al viaje infinito que nos hará retornar,
una y otra vez a este mundo,
cual niño curioso y ansioso por saber
los misterios del ser.

Bibliografía

Emoto, Masaru, *Mensajes del agua*, La Liebre de Marzo, S. L., Barcelona, 2003.

George, Mike, *A la Luz de la meditación*, Editorial Kier, Buenos Aires, 2006.

Gorojovsky, Alejandro, *Plegarias de la India. Poemas, sentencias y mantras*, Javier Vergara Editor S.A., Buenos Aires, 2001.

Kertesz, Roberto, *Análisis transaccional integrado*, Editorial IPPEM, Buenos Aires, 2003.

Kübler-Ross, Elisabeth, *La rueda de la vida*, Ediciones B S. A., Barcelona, 1997.

Lanza del Vasto, *Principios y preceptos del retorno a la evidencia*, Editorial Sur, Buenos Aires, 1958.

Paramahansa Yogananda, *Afirmaciones científicas para la curación, Self Realization Fellowship*, 1998.

—, *El amante cósmico, Self Realization Fellowship*, Los Ángeles, 2004.

—, *La búsqueda eterna. Cómo percibir a Dios en la vida diaria. Charlas y ensayos*, 1.° ed. en español, Vol. 1, *Self Realization Fellowship*, Los Ángeles, California, 2002.

Santa Biblia, Nueva versión internacional, Editorial Vida, Miami, 1999.

Sri Daya Mata, *La intuición: guía del alma para tomar decisiones acertadas*, *Self Realization Fellowship*, California, 2005.

Steiner, Rudolf, *El misterio de los temperamentos*, Editorial Antroposófica, Buenos Aires, 1999.

—, *Reencarnación y karma y su significado para la vida actual*, Editorial Antroposófica, Buenos Aires, 1998.

—, *Wahrspruchworte*, trad. Paula Eppenstein (*Meditaciones*), Verlag der Rudolf Steiner Nachlassverwaltung, Dornach / Schuveiz, 1961.

Szalay, Ione, *Qué es la reencarnación*, Editorial Kier, Buenos Aires, 2001.

Weiss, Brian, *Meditación*, Ediciones B S. A., Barcelona, 2003.

—, *Muchas vidas, muchos sabios*, Javier Vergara Editor, Buenos Aires, 1989.

Whitman, Walt, *Canto a mí mismo*, Ediciones Renglón, Buenos Aires, 1989.

Índice

Libros impresiones

Este libro se termino de imprimir
en Octubre de 2009
Gral. Vedia 280 (1872) - Avellaneda
Buenos Aires - Argentina
4204-9013

Tirada 2000 ejemplares